汽车世界大百科

央美阳光 编绘

化学工业出版社
·北京·

图书在版编目(CIP)数据

汽车世界大百科/央美阳光编绘. —北京：化学工业出版社，2021.6（2025.6重印）
ISBN 978-7-122-38815-5

Ⅰ.①汽… Ⅱ.①央… Ⅲ.①汽车-世界-儿童读物 Ⅳ.①U469-49

中国版本图书馆CIP数据核字（2021）第056222号

责任编辑：孙　炜　　　　　　　装帧设计：央美阳光
责任校对：边　涛

出版发行：化学工业出版社（北京市东城区青年湖南街13号　邮政编码100011）
印　　装：北京宝隆世纪印刷有限公司
889mm×1194mm　1/16　印张19　2025年6月北京第1版第3次印刷

购书咨询：010-64518888　　　　　　售后服务：010-64518899
网　　址：http://www.cip.com.cn

凡购买本书，如有缺损质量问题，本社销售中心负责调换。

定　　价：168.00元　　　　　　　　　版权所有　违者必究

前言

汽车，作为科技与工业的结晶，被人们称为"改变世界的机器"，事实也的确如此。汽车从诞生之初，就背负着为世界交通方式带来变革的伟大使命。如今，汽车已经轰轰烈烈地向前发展了100多年，它不仅成为当前时代人们出行最重要的交通工具，还对现代人日常生活的方方面面都有着巨大的影响。我们对汽车的存在习以为常，如果某一天所有的汽车都失灵，人类的文明至少要倒退一个世纪！显然，汽车的意义已然不是一件交通工具这样简单了。

生活在现代社会，无论我们是否拥有一辆汽车，但只要你走出家门，都避免不了和它接触。久而久之，我们就会对与汽车有关的话题感兴趣。没有汽车的古代交通是什么样？汽车是在什么情况下诞生的？汽车的工作原理是什么？汽车有哪些品牌呢？未来的汽车将会何去何从？……

为了方便读者更好地了解汽车，我们用通俗简洁又不失生动的文字和数百幅精美写实的手绘插图，编写了这本《汽车世界大百科》。它既能带领读者领略汽车百余年来的传奇变迁，也可以让读者品味世界各地每种汽车的品牌文化，还能更加深入地了解各种与汽车有关的知识话题。

总的来说，这是一本不一样的汽车百科。《汽车世界大百科》是一扇门，只要推开它，汽车知识的宝库就会完好地呈现在读者面前，让你轻松掌握有趣的汽车知识、感受丰富的汽车文化。那么，接下来，就让我们一起去探寻汽车世界的风采吧！

目录

第一章
点火,起步,出发!

辛苦了!动物 …………………… 2
前辈们的尝试 …………………… 4
不受欢迎的蒸汽车 ……………… 6
前夜:内燃机的发展历程 ……… 8
汽车闪亮登场! ………………… 10
货车能跑全靠它 ………………… 14

舒适的"鞋" …………………… 16
转弯停车 ………………………… 20
驾驶不安全,亲人两行泪 ……… 22
照亮周围 ………………………… 24
箱型汽车:我曾辉煌过 ………… 26
1926年的出行 …………………… 28

第二章
路远迢迢,道阻且长

漂亮的新车 ……………………… 34
富有的象征 ……………………… 36
概念车现世 ……………………… 38
赛车飞驰 ………………………… 40

流线型车身……………………42	
不好啦！着火啦！……………44	
硬件革新………………………46	
变多的运输车…………………48	
去他乡…………………………50	
美国汽车的叛逆期……………54	
赛车手的摇篮——卡丁车比赛……56	
世界一级方程式锦标赛………58	
1955年勒芒的悲剧……………60	
新中国汽车初登场……………62	
安全最重要……………………64	
跑车风靡………………………66	
宝贵的石油……………………68

第三章
进一步，更进一步

风靡全球的意大利设计…………72
狂野的美国"肌肉"………………74
1989年的北京……………………76
奇异的汽车………………………78
韩系车崛起………………………80
汽车碰撞测试……………………82
世界拉力锦标赛…………………84
舒马赫传奇………………………86
汽车的城市………………………88
施工的工地………………………92

去哪里买车？ … 94	汽车中的"多面手" … 116
我的汽车我做主 … 96	能干的劳模"汽车" … 118
电影中的炫酷座驾 … 98	速度与激情 … 122
汽车俱乐部 … 100	车之家 … 124
汽车世界之最 … 102	智能汽车 … 126
	环保是王道 … 130
	触手可及的未来 … 134

第四章 你好，汽车

组装一辆车 … 106	
因微小而强大 … 108	
等级排名 ABCD … 110	
家庭货车 … 114	

第五章 欧美车系

行业开创者：戴姆勒－奔驰 … 138	
亲爱的梅赛德斯－奔驰 … 140	

高性能，高要求……………………142	兰博基尼：斗牛般强悍……………164
小车和大车………………………144	保时捷：骏马奔驰…………………166
汽车领军者——福特………………146	大车风范……………………………168
福特一家子………………………148	通用之浮沉…………………………170
总统的专车——林肯………………150	雪佛兰：不断创新…………………172
大众的"大众"……………………152	成熟汽车的典范——别克…………174
大众的成员………………………154	豪车的代表——凯迪拉克…………176
布加迪：生来冠军…………………156	欧宝：欧洲的宝车…………………178
斯柯达：以人为本…………………158	豪车家族菲亚特……………………180
宾利的成长之路……………………160	多样的车型…………………………182
奥迪的史书…………………………162	赫赫有名的蓝旗亚…………………184

克莱斯勒，变身！……………………186	为赛车而生——迈凯伦……………216
道奇兄弟闯天下……………………188	复古且奢华的摩根…………………218
不是所有吉普都叫"Jeep"…………190	来自北欧的沃尔沃…………………220
赛车手之车…………………………192	
由天入地——宝马…………………198	

第六章
亚洲车系

丰田的壮举…………………………224

丰田"们"……………………………226

系列宝马……………………………200

MINI 不迷你…………………………204

日本有顶级轿车吗？有！雷克萨斯…228

劳斯莱斯传奇………………………206

车中明星斯巴鲁……………………230

雪铁龙：从齿轮厂起家……………208

本田：保持年轻……………………232

雄狮威武——标致…………………210

本田都有什么车？…………………234

捷豹路虎是一家……………………212

完美主义者——讴歌……………236	产自北京……………258
马自达坎坷的"车生"…………238	出自上海……………262
日本生产——日产……………240	合资品牌……………264
美籍日裔的英菲尼迪……………242	来自广东……………266
三菱：独立又统一………………244	生于重庆……………270
韩国之光——现代起亚…………246	东风浩荡……………272
彪悍的双龙………………………248	为"长安"而生的长安…………274
一汽：力争第一…………………250	年轻的长城……………278
解放创世…………………………252	奇瑞：从芜湖走向世界…………282
红旗飘扬…………………………254	比亚迪：成就梦想………………284
奔腾向上…………………………256	**索引**……………288

第一章
点火，起步，出发！

辛苦了！动物

遥想当年，原始社会的人们学会将野兽驯化为家畜，动物就成为人们出行或运载货物的必备帮手。几千年来，动物们一直任劳任怨，不辞辛苦，直到汽车普及开来，大批"交通动物"才正式下岗。

畜力车的主力军——马

几千年前，体格匀称、四肢发达、有耐力又有速度的马就被人类驯化，成为人们主要的运力。它们既能披上华服载着贵族逛街游行，也能穿上铠甲载着战士奋战沙场。套上马具，它们可以拉车前进；装上鞍具，它们也能载人疾驰。在17世纪的欧洲，还出现了类似于现代公交车的公交马车。

稳重的代表——牛

中国从商朝起就开始用牛拉车、运载货物。到了东汉末年，由于牛前进的速度比较缓慢，牛车搭乘起来没有马车那么颠簸，人坐在车上仍可以保持仪态，因此牛车成为不少贵族、官员出行的主要座驾。

驴车：历史悠久的农业用车

驴车的历史可以追溯到公元前3500年，两河流域的苏美尔人将一对轮子固定到橇上，然后给驴套上挽具来拉动橇前进。因为驴的身体结实，吃苦耐劳，温驯听话，所以驴既可以用来乘骑拉车，也能拉磨耕地，帮助人们进行农业生产。

沙漠之舟——骆驼

骆驼有着"沙漠之舟"的美名，它们可以供人骑乘、驮货、拉车，四肢与蹄极适合在松软的沙地上行走，厚实的皮毛又可以抵御沙漠夜晚的寒冷，同时耐饥耐渴，耐力极佳，载着200千克的货物不吃不喝走4天，每天走40多千米都不嫌累。

绿洲还有多远？

骆驼能告诉你答案，如果你能让它说话。

鹿与犬：雪地通行靠它们

北极地区附近常覆盖着厚厚的积雪，因此住在那里的居民出行主要依靠能在雪上滑行的雪橇，耐寒的驯鹿和活泼好动的雪橇犬就是雪橇的最佳动力。

前辈们的尝试

马车、牛车、驴车确实方便了人们的出行，但有许多缺点，如饲养牲畜的成本很高，牲畜的排泄物还会让城市街道变得肮脏、恶臭等。有没有一种车可以无须借助畜力就能行驶呢？一些人为了制造出这样的车，展开了许多尝试。

摆脱畜力，却更慢了

公元1420年，有人造出了一辆"滑轮车"。人可以坐在车内拉动绳子，令滑轮不停地转动，继而使车子前进。这辆车的确不需要动物帮忙，但人力毕竟有限，如果不能一直快速拉动绳子，这辆车行驶起来比走路还慢。

罗杰·培根

培根的预言

1250年，英国哲学家罗杰·培根在给朋友写的信中对未来车辆的出现做出了预言："总有一天，我们将不用借助畜力，就能赋予车辆惊人的速度。"换句话说，如果我们不想借助畜力的话，就必须为车辆寻找新的动力。

双桅风力帆车

这不是我要去的方向啊！

没办法，谁让风往这边吹呢。

借助风力能行吗？

公元 1600 年，荷兰人西蒙·斯蒂芬根据帆船借助风力航行的原理，制造出一辆"双桅帆车"。这辆车就像装上轮子的帆船，西蒙在海边进行试行时，它的速度最高能达到每小时 24 千米。但风不是时时都有，风向也不总是一个方向，风力也不稳定，所以，借助风力驱动车辆，显然不太可行。

画家的设想

著名画家达·芬奇其实也是一位了不起的发明家，他从钟表的转动中获得灵感，设想可以用发条使齿轮进行水平转动，齿轮再带动车轮和车轴，车辆就可以自己跑起来了。不过，达·芬奇只是进行了设想，并没有真的造出这样的车。

达·芬奇手稿

发条车

钟表匠的发明

直到 1649 年，德国有一位叫汉斯·赫丘的钟表匠受到达·芬奇留下的设计图启发，真的制造出了一辆发条车。这辆发条车能以每小时 1.5 千米的速度前进，但每前进 230 米，就要把钢制的发条拧紧一次，这么费力的操作让这辆车就像是玩具发条车的放大版，实用价值实在不高，因此也没能成功取代畜力车。

不受欢迎的蒸汽车

公元1世纪,古希腊数学家希罗发明了一个名为"汽转球"的玩具:空心球通过两条空心管与一口盛满水的锅相连,加热锅底使水沸腾成水蒸气,水蒸气通过管子进入球内,再从球两侧的管口喷出,球就能转动起来。这就是蒸汽机的雏形,到18世纪,蒸汽机不再是玩具,而是驱使车辆乃至世界发展的主要动力。

汽转球

蒸汽车——汽车的开端

1769年,法国炮兵工程师尼古拉斯·古诺为了解决战争中大炮移动的问题,成功研制出了世界上第一辆完全依靠自身动力行驶的蒸汽机汽车——"卡布奥雷"。卡布奥雷由木质框架车身、1个梨形大锅炉、两个气缸和3个直径近2米的车轮构成,最高速度为每小时9千米,可乘坐4人,每行驶一段时间就要停下来把水烧沸再上路。在诞生后不久,卡布奥雷又创下"世界第一例汽车交通事故"的记录——在试车过程中,蒸汽车撞到了墙上,结束了它短暂的一生。

尽管卡布奥雷试车失败了，但它的出现让许多人开始投身于制造蒸汽车的事业中。英国一位名叫特雷威蒂克的煤矿机械工程师受到古诺的启发，在1803年制造出一辆能载客8人的蒸汽公共汽车，从此蒸汽车开始被实际应用起来。

1831年，英国人瓦尔塔·汉科克制造出世界上最早的公交汽车"因范特"号。它每小时能行驶32千米，可乘坐10人，并且不收取任何车费。这难道不是亏本的买卖吗？但汉科克也没有办法，因为"因范特"号是为了打破人们对蒸汽车的偏见而诞生的。

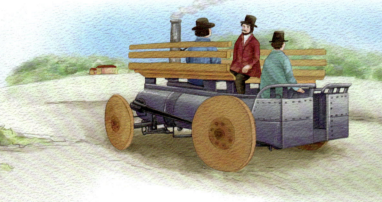

不受欢迎

没人愿意乘坐蒸汽车，它的缺点有一大堆：缓慢、笨重、烧水难、易熄火、噪声大，还总是冒着呛人的黑烟，一个不小心，锅炉就有可能爆炸，因此造成了许多车祸。为了限制蒸汽车上路，英国政府颁布了《红旗法案》，规定一辆车必须有1名车务员手执红旗走在车前20米的位置警告行人避让，并限制时速。这项荒唐的条例着实有效，从19世纪中叶起，蒸汽车日渐衰落，马车因此又兴盛了起来。

前夜：内燃机的发展历程

时代一直在改变，蒸汽动力虽然没落，但电气宛如初升的太阳在 19 世纪 60 年代以后的欧洲悄然亮起。马车已经追不上科技飞速发展的工业社会了，越来越多的人开始着手研究新的动力源。这是汽车诞生的前夜，发明家们摸黑探索、创造，用一种名为"内燃机"的机器照亮了黎明前的黑暗。

内心燃烧，动力更强——内燃机

所谓内燃机，就是将机器内部燃烧的燃料释放出来的热能直接转换为动力的热力发动机。固体燃料的燃烧很难控制，荷兰物理学家惠更斯用火药爆炸获取动力的实验失败已经证明了这一点。那么，要用什么作为内燃机的燃料呢？

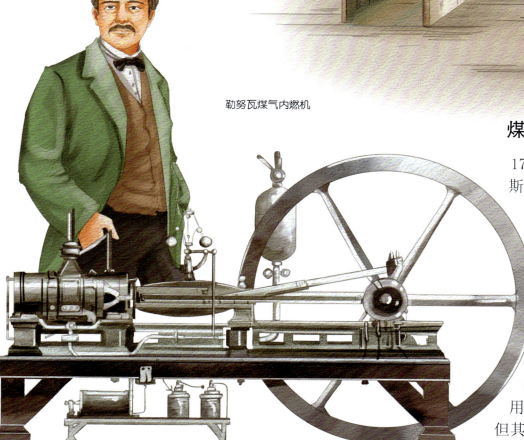

勒努瓦煤气内燃机

煤气内燃机

1794 年，英国人罗伯特·斯垂特首次提出了将燃料和空气混合成可燃混合气的设想。这个设想历经半个多世纪，终于在 1859 年被法国发明家勒努瓦实现了。勒努瓦用照明煤气作为燃料，发明了世界上第一台实用内燃机。虽说实用，但其实它的热效率很低。

来自三明治的灵感

德国发明家尼古拉斯·奥托听说了勒努瓦内燃机后,就一直想要改造出效率更高、更实用、无须与煤气管道相连的内燃机。他与研发团队苦思冥想,反复设计、试验,很长一段时间里,他们都没能攻破一个难题:如何让燃料增多的同时充分燃烧?就在大家一筹莫展的时候,一次进餐中,奥托发现夹着许多层馅料的三明治如果用力按压,就能一口吃到所有馅料。意识到这一点,奥托豁然开朗:对啊,只要将大量燃料的体积压缩,问题不就解决了嘛!

按照这个思路,奥托终于研制出了他理想的发动机——四冲程发动机。四冲程发动机由进气、压缩、膨胀、排气四个过程组成一个周期,这样的热力循环过程被称为"奥托循环"。如今,根据奥托循环制造成的发动机是大部分汽车的动力来源。

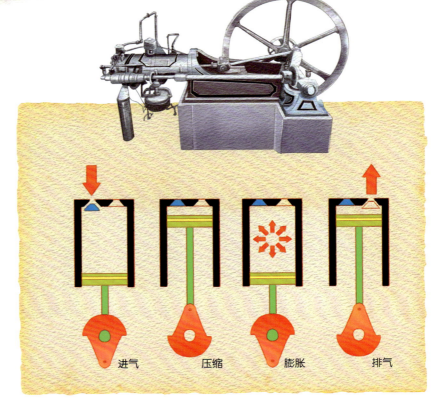

进气　　压缩　　膨胀　　排气

汽车闪亮登场！

发动机是汽车的心脏，但在最开始，没有人想到用发动机代替蒸汽机，让它成为车辆的新动力。好在有三位发明家有先见之明，几乎在同一时期开始对四冲程发动机进行改进，最终取得了突破性的成功，令真正的汽车闪亮登场。

离职，创业，新的开始

在奥托看来，四冲程发动机应该是为工厂、矿业中的大型机械设备提供动力，但是他研发团队中的核心成员戈特利布·戴姆勒和威廉·迈巴赫认为，四冲程发动机应该体积更小，速度更快，甚至可以成为某种新交通工具的动力源。双方的意见相左，于是戴姆勒与迈巴赫在1882年离开了奥托团队，创建了自己的实验室。

戴姆勒与迈巴赫用1年左右的时间对四冲程发动机进行改进，最终于1883年研制出了名为"立钟"的立式四冲程汽油发动机。这台发动机被誉为汽车发展史的里程碑，它体积小、重量轻、结构紧凑、功率高，更重要的是，它让本来被用作清洁剂的汽油成为了汽车的"血液"。

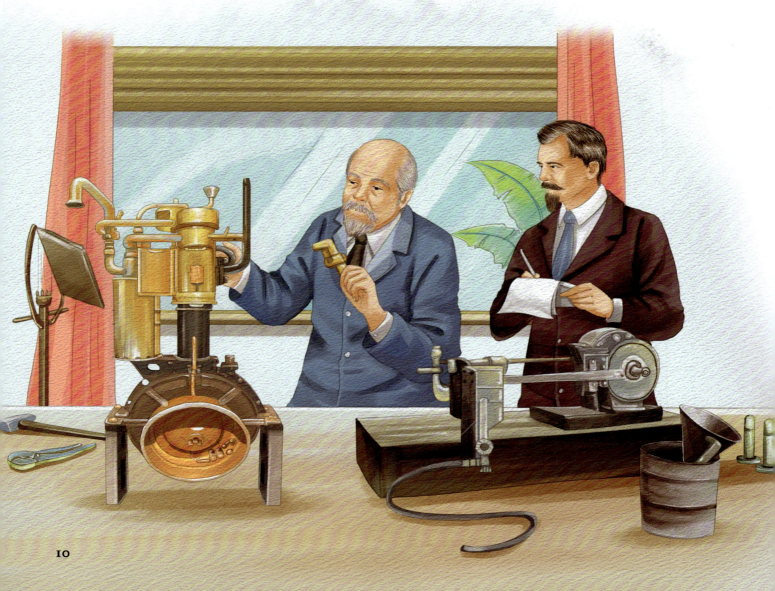

第一辆摩托车诞生！

1885年，戴姆勒与迈巴赫将"立钟"安装在一辆木制的两轮车上，于是世界上第一台摩托车诞生了。驾驶这辆车的鲍尔，也就是戴勒姆的儿子，成为世界上第一位摩托车司机。

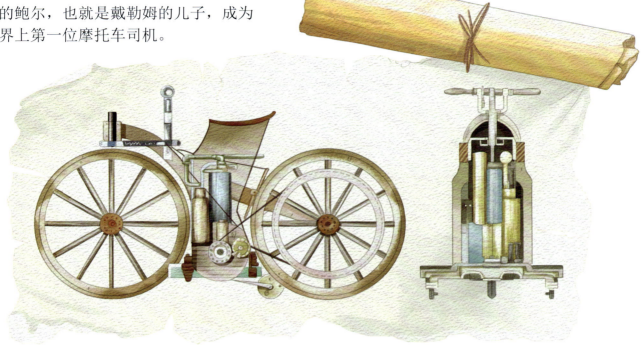

我感觉这个座椅还有改进的空间。

就在戴姆勒与迈巴赫发明摩托车的同一年，世界上第一辆真正意义上的汽车也诞生了。不过它的发明者不是戴姆勒和迈巴赫，而是距离他们200千米外、曼海姆城内一家机械工厂的厂主——卡尔·本茨。卡尔·本茨是如何发明出汽车的呢？快翻到下一页瞧一瞧吧！

穷困的工厂主，努力的发明家

卡尔·本茨出生在一个手工业者家庭，父亲是一位火车司机。卡尔·本茨从小的梦想，就是创造出一种不受轨道限制、可以自由行使的交通工具。长大后，本茨创办了自己的机械厂。但由于经济不景气，工厂很快便面临倒闭的风险。为了扭转困局，本茨开始努力研制发动机，最终在1885年发明出了单缸汽油发动机。他将这台发动机安装在一辆三轮车上，这辆车就成为世界上第一辆汽车，它的名字是"奔驰一号"。

勇敢的贤内助

卡尔·本茨能发明出汽车，他的妻子贝瑞塔·林格功不可没。多年以来，林格一直全力支持丈夫的事业，为此变卖了自己所有的首饰以补贴家用。奔驰一号现世后，由于技术原因总是抛锚，人们都嘲讽它就是一种"冒着臭气的怪物"，本茨因此也不敢公开驾驶它。于是，勇敢的贤内助再次挺身而出。她带着两个孩子，驾驶这辆车去看望100多千米外孩子们的祖母。林格的驾车远行成功为本茨的汽车打响了名声，她也因此成为历史上第一位女司机。

戴姆勒一号

1886年，戴姆勒又将"立钟"安装在了一架四轮马车上，创造出了世界上第一辆四轮汽车，它被命名为"戴姆勒一号"。

我的"戴勒姆一号"可比奔驰厉害多了！

货车能跑全靠它

当世界上第一辆汽车诞生在德国时,隔壁的法国也有一位发明家投身于研制发动机的事业中。这位发明家叫鲁道夫·狄赛尔,卡车、客车等大型汽车能飞速地跑起来,全靠他的伟大发明——柴油发动机。

鲁道夫·狄赛尔

柴油发动机

师出名门的优等生

狄赛尔生于巴黎,长于德国,从小就成绩优异,17岁便获得了慕尼黑工业大学的奖学金,进入该校的机械制造专业学习,师从于世界上第一台制冷机的发明者——林德教授。毕业两年后,他加入了恩师创办的冷藏企业,凭借自己的努力成为一位优秀的制冷工程师。在工作过程中,效率难以提高的烦恼让他萌生了发明新型发动机的想法,为此,他在1885年告别恩师,设立了自己的实验室。

新尝试，新机遇

狄赛尔为自己尚只存在于理论的新型发动机申请了专利，并找到奥格斯堡机器制造厂合作，为自己提供经济和技术支持。从1893年到1897年，狄赛尔每次试验都会失败，但每次试验都比上次成功了一点。本来他想用植物油作为燃料，但植物油点火效能不好，在奥托循环中行不通。于是他另辟蹊径，打算通过提高内燃机内的压缩来产生高温，点燃燃料。这一次，他改用生活中用来取暖的柴油作为燃料。结果，他成功了！拥有独特的压燃式循环周期的柴油发动机诞生了！

抓住机会，才会成功

狄赛尔的柴油发动机扭矩大，油耗低，还可以使用劣质油，能节省大笔成本，因此具有广阔的商业前景。1924年，早已扩大规模、升级为"曼恩股份有限公司"的奥格斯堡机器厂首次将柴油机装置于自家生产的卡车中。这款卡车得到了巴伐利亚邮局的大量采购，曼恩公司也从这时起逐渐发展为德国曼恩集团，成为世界著名的重型卡车制造商之一。

曼恩公司抓住了机会，狄赛尔却没有。他是一个不善经营的发明家，在发明出柴油机后，他的工厂虽然收到了许多订单，但由于对手的排挤和投资股票的失败，狄赛尔逐渐濒临破产。1913年，狄赛尔在乘船通过英吉利海峡时不幸葬身于大海中，享年55岁。

舒适的"鞋"

让我们看看最初的汽车是什么样子的：露天的车厢，木质的大车轮，看起来和马车没什么区别，只是没有马，速度也快了很多而已。车轮外包裹着一层铁，就像马蹄上的铁马掌。可铁马掌能让马蹄抓牢地面，包着铁的木车轮却会让车在行驶时更颠簸。看来，必须得给汽车换上更舒适的"鞋"了。

麻烦的橡胶

我们看现在的汽车就知道，橡胶就是铁的替代品。天然橡胶由三叶橡胶树的胶乳经过凝固、干燥后制成，具有高弹性、可塑性强、防水、绝缘、耐用等诸多优点。但同时，橡胶对温度极其敏感，如果温度过高橡胶就会变得黏软且有臭味，如果温度过低橡胶就会变得又脆又硬。那么，这么麻烦的橡胶究竟是怎么做成轮胎的呢？

橡胶硫化，不怕融化

查尔斯·固特异是美国发明家，因为经营的冶金厂破产，负债累累的他成了监狱的常客。在这样的境况下，固特异却一直坚持研究如何改变橡胶对温度敏感的性质。他坚信这种麻烦的材料具有巨大的潜力，能帮他扭转困局。一次偶然的情况下，他将一块橡胶和硫的混合物加热，得到的类似于皮革的产物不会再因温度过高而分解，而是既有弹性，又有韧性。这种硫化橡胶，就是日后制造轮胎的主要原材料。

实心变充气

卡尔·本茨的奔驰一号就已经在轮胎上应用了橡胶,只是他用的是实心橡胶,对缓解汽车的颠簸基本没用。那时,自行车用的也是这种实心橡胶轮胎。1886 年,英国兽医约翰·邓禄普在看到儿子骑自行车时颠簸得十分厉害,因此开始思考如何减少这种颠簸。他试着把轮胎的橡胶做成空心的,然后往里面充气,结果发现这样的轮胎果然能很好地减少震动。世界上第一条充气轮胎就是这样诞生的。

我觉得它很适合做轮胎的材料。

我赞成。不过一会儿能麻烦你把它捡回来吗?

小约翰在试骑换了轮胎的自行车。

充气轮胎出现后并没有立刻应用于汽车上,首先广泛使用充气轮胎的是自行车。这时的轮胎都是通过黏合固定的,想要拆卸修理是一件十分困难且耗时的事情。

米其林兄弟

　　安德鲁·米其林和爱德华·米其林是一对表兄弟，同时也是全球轮胎行业的领军者——米其林集团的创始人。他们在 1891 年发明了可拆卸的自行车轮胎，1895 年时又想到将可拆卸轮胎应用在汽车上。为了证明汽车也能用可拆卸轮胎，兄弟二人报名参加了巴黎的汽车比赛，亲自驾驶安装着可拆卸充气轮胎的汽车安全跑完了全程。这是一次出色的推广，米其林牌的汽车轮胎在赛后引起了巨大轰动，汽车也终于拥有了合适的"鞋子"。

可拆卸轮胎

米其林餐厅的由来

后来,米其林兄弟参加了大大小小的汽车比赛和展览会来展示自己的产品,他们在这个过程中发现了汽车旅行的广阔前景,因此在1900年的万国博览会上,他们将一些餐厅、旅馆、加油站、汽车维修厂及路线图等资讯收集起来,出版了一本《米其林红色指南》,供参展、观展的旅客参考。书中标注的餐厅被称为"米其林餐厅",一副刀叉标志代表一星,三星米其林餐厅是最值得去的餐厅。

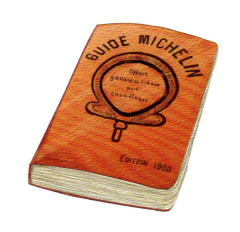

米其林轮胎先生形象的转变

"米其林轮胎先生"

"米其林轮胎先生"是米其林集团的"代表人物"。在1894年,米其林兄弟参加万国博览会时看到展台入口摞着不同大小的轮胎。他们觉得这摞轮胎若是加上手和脚,就像是一个人。于是他们请艺术家以此为灵感,创造出了专属于米其林的企业形象"必比登",它的中文名叫"米其林轮胎先生"。

这像不像个人?

转弯停车

早期汽车的刹车系统和转向系统大多是参照马车或自行车，但这种落后的方式显然不适用于先进的汽车，不是难以操作，就是装置容易毁坏，一不留神，还会造成车毁人亡的惨痛事故。一辆不能好好转弯、稳稳停下的汽车，要它有什么用？必须想个办法解决这些问题才行。

把车停稳

参照马车的话，汽车是如何刹车的呢？难道是让司机大喊一声"吁"？这未免也太小看马车了。当时的马车夫主要用一根长杠杆把一块木制衬垫压紧在车轮内侧，利用摩擦力让车轮停下。这样的刹车方式能让马车停下，却阻挡不了汽车的惯性。在坡道停车时，还要在轮胎下放上三角垫木来防止溜车，实在是麻烦。

三角垫

1900 年，汽车的发明者之一，威廉·迈巴赫设计出首款鼓式制动器。1902 年，英国工程师佛雷德里克·威廉·兰切斯特为自己设计的盘式制动器申请了专利。这两款制动器渐渐成为了汽车的标配，它们都是借由刹车片与轮毂或碟盘摩擦，从而令汽车的速度降低乃至停下。即使是在坡道上，汽车也能稳稳停住。

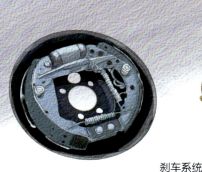

刹车系统

工人们的失误

　　一开始，汽车的转向是通过操纵杆或类似于自行车的手柄来实现转向的，后来一个叫德雷克的英国汽车制造商在从事造船行业的朋友的建议下，用类似于船舵的方向盘取代了操作杆和手柄，解决了转向费力、失灵等难题。但由于方向盘是垂直安装的，因此，司机在驾驶时必须挺直腰板坐着，既要目视前方，还要分神，像推磨一样转动方向盘，实在是太累了。

垂直的方向盘

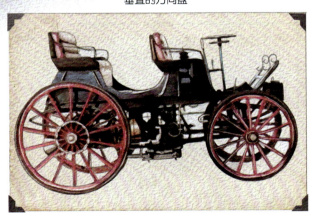

倾斜的方向盘

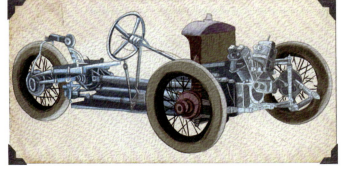

　　这个问题在1897年因为一个工人的失误事件得到了解决。那年，英国戴姆勒工厂的工人在为汽车检修时，吊环突然脱落，被吊起的车身重重地砸弯了转向柱，使方向盘向驾驶座倾斜。大家发现，这样的方向盘更加便于操作，于是方向盘从此由垂直变成向司机倾斜的了。

驾驶不安全,亲人两行泪

汽车刚出现时,确实给人们的生活带来了一些便利,但这些便利却不能抵消驾驶汽车的风险。想要开车出门,人们需要鼓起很大的勇气,因为他将要面临的是变幻莫测的天气和无法预知的交通状况。

车祸的阴霾

随着汽车的发明和投入使用，与便利携手而来的是车祸的阴霾。19世纪90年代末，汽车的交通事故开始出现。当时的汽车基础装置尚且不完备，更别提安全系统了，车祸频频发生，后果也十分可怕。1898年，一个名叫亨利·林德菲尔德的中年男子成为世界上第一个因车祸去世的人，之后类似的悲剧还有很多。

办法，如约而至

尽管车祸总是发生，但这挡不住人们对汽车的热爱，提高汽车的安全性就成了大问题。

安全带

1902年，一名叫沃尔特·贝克尔的赛车手去参加美国纽约的汽车比赛。赛前，他发现自己的汽车座椅有些松动，因为没时间维修，沃尔特只好用皮带和绳子将自己和同伴固定在车上。比赛开始后，地面上有一根钢轨翘起，翻车事故由此发生，十人被压伤，沃尔特和他的同伴却因为皮带的固定安然无恙，这应该是最早的安全带。到了1922年，安全带被应用于赛车比赛中，用来保护选手。

安全带

挡风玻璃

安全玻璃

汽车刚出现的那几年里只有敞篷汽车，那时人们要带着护目镜开车，来抵挡迎面吹来的尘土、树枝、树叶。福特汽车公司首先做出行动改变这一情况，为旗下的汽车安装了由平板玻璃切割而成的挡风玻璃。这确实有用，但也很危险。因为一旦受到冲击，挡风玻璃就会破碎，伤害到车里的人。

法国科学家别涅迪克在看到一篇关于挡风玻璃的车祸报道后，想起他之前碰倒的烧杯，烧杯摔在地上没有碎，只是出现了裂痕。挡风玻璃会碎，同样是玻璃的烧杯为什么没碎呢？带着这个疑问，别涅迪克开始研究，最后他发现这个烧杯曾经装过硝酸纤维素溶液，溶液蒸发后，在杯壁上形成了一层薄膜，对烧杯起到了保护作用。玻璃纤维由此产生，并应用到了汽车玻璃上。

照亮周围

汽车刚出现那几年,由于没有安装车灯,司机一般是不敢夜晚开车的。据说在 1887 年,一个好心的农民手提着油灯,帮一位在黑暗旷野中迷路的司机找到了前行的方向。那位农民的油灯因此成为世界上第一个汽车前大灯,这听起来有些牵强,但也间接说明了明亮的车灯对司机来说有多么必要。

前照灯的变化

1907 年,法国先在本国的汽车上安装了乙炔前照灯。这种灯是将乙炔气点燃,用火光照明。它的优点就是亮度高,缺点则是乙炔在刮风下雨等恶劣天气条件下不易点燃,并且乙炔灯在制备乙炔时会产生大量的碱石灰,这种物质会腐蚀皮肤,严重时甚至会让人产生休克、胃穿孔等不良反应。

乙炔灯

随着电灯时代的到来,汽车车灯也迎来了新的变化。1912 年,美国凯迪拉克汽车上率先安装了钨丝灯泡照明。这种车灯没什么大的缺点,就是高温中的钨丝会令灯泡发黑,让灯光变黄变暗。这么点儿缺陷总比乙炔灯安全稳定,因此钨丝灯在几十年间一直是各种汽车的标配。

哈，车灯可真是伟大的发明。

转向看"手臂"

由于最初的汽车没有转向灯，司机在转弯或变道时需要将手伸到车外，用手势示意后方车辆。后来手势演变成安装在车身两侧的指示臂，人们在指示臂上安装灯泡，这样在夜晚行车时，后方车辆也能清楚地看到指示臂的信号。

左转　　右转　　停车

指示臂

世界上最早的倒车灯

1921年，美国人克莱尔发明了世界上最早的倒车灯。他将灯泡安装在了自己的汽车尾部，灯泡被导线与汽车变速器上的倒车开关相连。克莱尔只要拨动倒车挡，灯泡就会接通电源，发出亮光。

箱型汽车：我曾辉煌过

20世纪初，汽车已经成为富豪贵族们出行最爱乘坐的交通工具。在阳光明媚的天气里开车兜风，多么惬意啊！但这样的活动也仅限于阳光明媚的天气，因为看起来帅气又拉风的敞篷车身既遮不住风吹日晒，也挡不住雪打雨淋。人们迫切需要一个封闭的车身，于是1915年，箱型汽车诞生了。

会跑的"轿子"

1908年，美国福特汽车公司生产的T型车正式面世。在长达7年的时间里，T型车一直保持着敞篷的姿态。但在1915年，福特公司将T型车改成厢体，车身封闭但装有门窗，整个外形就像一个大箱子，也像过去贵族出行时的轿子。因此"轿车"成为了汽车的新名字，箱型车身也由此奠定了汽车日后的基本造型。从那时起，人们的驾驶出行就可以不用受天气的制约了。

流水线作业确实比原来快多了！

大量生产

福特的箱型汽车自面世起便迅速占领了美国的汽车市场，走进千家万户，成为美国道路上最常见的交通工具。之所以能取得如此辉煌的成就，主要得益于福特汽车公司在1913年开始应用的"流水线生产"。流水线生产不同于以往的手工定制，可以大规模减少人力、物力、财力等成本支出，从而令汽车在保障品质的同时拥有低廉的价格。

并非没有缺陷

没有汽车是完美的，即使箱型汽车不再受天气的影响，但它却具有别的缺陷。方方正正的车身增加了汽车的阻力，从而拖慢了汽车前进的速度。试问如果一辆汽车的速度不快，那它还有什么市场竞争力呢？因而在极盛之后，箱型汽车的销售量逐步下跌，产量也逐年减少。

一个时代过去了……

1927年，曾在美国创下销量奇迹的福特T型车最终停止生产，其他品牌的箱型汽车也逐渐被取代。箱型车身的时代过去了，接踵而来的是流线型车身的时代。低矮流畅的流线型车身让汽车可以像鱼一样冲破阻力，跑出令人满意的疾速。

流线型汽车

1926 年的出行

你好！我叫艾伦，在巴黎出生，在伦敦长大。不久前我拿到了驾照，打算去汽车公司订购了一辆汽车，现在和我一起出发吧！

1893 年 8 月 14 日，法国首先颁布了《巴黎警察条例》，要求所有汽车都必须挂上印有车主姓名、住址及登记号码的金属车牌，所有 21 岁以上的人必须通过驾驶资格考试，取得驾驶证，才有资格开车上路。我今年 22 岁，即使回到巴黎也有资格参加考试。

过马路时一定要注意看交通信号灯。1926 年，伦敦在交叉路口安装了一种自动交通信号灯，能按一定时间间隔明灭。说起这个，在 1868 年以前，伦敦乃至世界都没有这种一会儿变红，一会儿又变绿的信号灯。为了防止尊贵的议员被街上来来往往的马车撞到，从 1868 年 12 月 10 日起，伦敦正式投入使用交通信号灯。但只运作了 23 天，这台信号灯就因为煤气灯爆炸，导致一位巡警身亡而被拆除。但愿现在的信号灯能好用。

早期的交通信号灯

　　我要去的汽车公司有点远,但坐公交去的话能快一点到达。据我所知,1900年,英国约克郡内开通的从里兹到伦敦的公交路线是最早的远距离公交路线,全程320千米,每星期发车一次,往返需要两天时间。

看！这辆就是我买到的汽车，莫里斯汽车公司生产的"莫里斯——牛津"牌汽车。这辆车是莫里斯旗下"牛鼻子"系列汽车的其中之一，"牛鼻子"指的是它标配的圆形散热器。

开着我的新车回家吧，但在这之前，我得给车加满汽油。最早的汽车加油站是在美国出现的，时间可以追溯到1905年。在那以前，给汽车加油需要去零售商、杂货店、五金店等商铺购买。

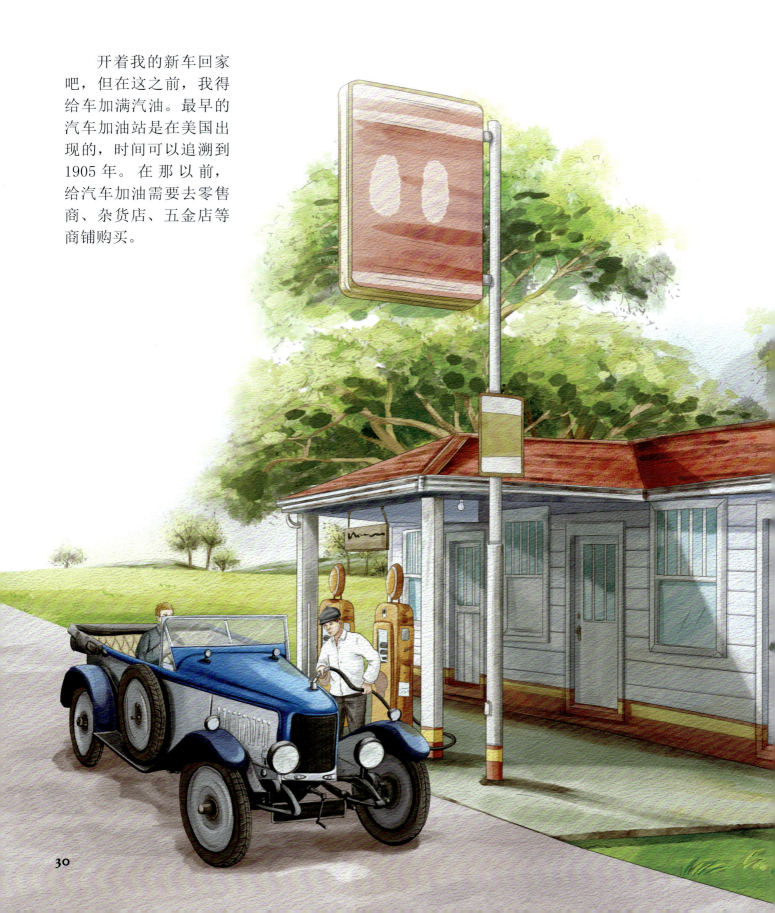

行车要规范,遵守交通法规,尤其是在英国,千万不能忘了靠左行驶。大约在1756年,伦敦议会就颁布法令,规定车辆在高峰期通过伦敦桥时实行左侧行驶,违者罚款。其实就算没有这条法令,英国人自古以来就习惯靠左行驶。但法国则与英国相反,所有车辆都是靠道路右侧行驶的。

被交通警察拦下的汽车

先生们,把车停一下。

好吧,我就知道会被交警开一张罚单,因为我刚才不小心超速了。据说最早因超速被罚款的是一个来自英国肯德郡名叫沃尔塔·阿诺尔德的哥们儿。1896年,他驾车在帕德克乌德大街上行驶时,车速超过了3.2千米/小时的速度限制,被罚款1先令。

第二章
路远迢迢，道阻且长

漂亮的新车

过去的很长一段时间里，汽车设计者都将注意力集中在车速和稳定性的提高上，似乎对汽车造型并不是很上心，以至于当时人们走在大街上，看到的汽车都长得差不多。可是，生活需要艺术，汽车设计当然也不能缺少艺术的灵魂。

汽车需要"整容"

20世纪20年代，福特汽车公司把汽车变成了流水线上的复制品，引发了全球消费浪潮。一时间，"T型车"走进了平民的生活中。但是，人们追求美的本性，让汽车也迎来了"整容时代"。

打破"T型车"独霸天下的神话

1927年，一位汽车设计师进入通用汽车公司，开始了他具有传奇色彩的设计生涯，这个人就是哈里·厄尔。当"T型车"遍布美国大街小巷的时候，哈里·厄尔设计出了凯迪拉克LaSalle车型。它一经问世，便引起了巨大反响。这款车型不但性能优良，而且有着"新潮"的外观，深受当时人们的追捧。

LaSalle

LaSalle车轮廓低矮、修长，线条圆润，尾部呈锥形。而且汽车的颜色还可以定制，可想而知它必然引起了极大的轰动。

炫酷的"红色大象"

你以为哈里·厄尔只擅长设计轿车？不！他还曾设计过炫酷的巴士呢！20世纪30年代末，通用汽车公司参加世博会，需要进行成果展览，哈里·厄尔奇思妙想，设计出了"Futurliner 巴士"。"Futurliner 巴士"的驾驶舱离地面有3米，侧面的车门可以翻起来，里面还有能折叠的展台。每当"Futurliner 巴士"缓缓经过，人们会感觉一群红色大象队伍在游行。

色彩鲜明的女设计师

哈里·厄尔认为女性具有独特的审美视角，可以优化汽车设计。20世纪40—50年代，他大胆启用女设计师，组建了美国历史上第一支全女性设计师团队。事实证明，这些才华横溢的女设计师在汽车装饰、收纳及性能设计等方面都有着不错的想法。

富有的象征

自诞生开始，汽车的稀有性就表明它最初只有富人和权贵有能力拥有。尽管当时汽车的性能与现在差了十万八千里，路面也坑坑洼洼，但这些都不重要。对那时的有钱人来说，只要坐在那辆稀罕的大机器上，他们就是人群中最尊贵的存在。

劳斯莱斯"银魅"（英国，1906）

劳斯莱斯"银魅"在1907年通过了长度为24000千米的可靠性测试，并打破了纪录。同一年，汽车杂志 Autocar 将劳斯莱斯称为最好的汽车。

皮尔斯-阿罗（Pierce—Arrow）38 Park Phaeton（美国，1913）

皮尔斯-阿罗公司生产的汽车曾代表着美国最好的汽车，这辆也不例外。明星、富豪、国会议员都以拥有一辆皮尔斯-阿罗汽车感到自豪，只可惜这个品牌的汽车在20世纪30年代末期就不再生产了。

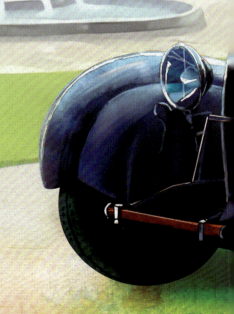

林肯 L Sedan（美国，1922年）

这辆车能生产出来要多亏福特将林肯从破产危机中解救出来。它的过人之处在于车上配备了电子钟、点烟器和温度可控的散热器格栅。

托马斯"飞翔者"（美国，1907）

这是一辆豪华的旅行车，也是1908年纽约到巴黎汽车拉力赛的冠军。在那场比赛中，只有它通过一个又一个危险的无人区，完成赛事全程。

布加迪 Type 41 Royale（法国，1927）

布加迪 Type 41 Royale 是为了权贵而诞生的，不仅价格昂贵，而且数量稀少，总共只生产了6辆。谁要是拥有过这款车，谁就可以自诩为贵族阶层。

概念车现世

哈利·厄尔还有一个别名,就是"概念车之父"。所谓概念车,就是一种介于理想和现实中的汽车。汽车设计师所有绝妙的构思、超前的设计和对未来汽车功能的想象,都可以用概念车展现出来。作为20世纪的汽车设计师,哈利·厄尔眼中的未来汽车是什么样子的呢?

别克 Y-Job(1938)

由哈利·厄尔设计的世界上第一台概念车,即便现在看来也十分特别,更别提在那个年代,这样的设计更是新奇得不得了:狭长的流线型车身、嵌入式头灯、电动车窗和顶篷、与车身齐平的门把……这些设计真是让人眼前一亮。

哇,爸爸,这车可真是帅呆了!

别克 LeSabre(1951)

别克 LeSabre 的设计结合了许多战斗机的元素,两个类似于战斗机的"高尾鳍"里,各有一个飞机用油箱;顶棚是感应式的,湿度感应器一旦侦测到雨水,顶棚就会自动打开;如果发生爆胎,底盘里的液压千斤顶可以抬起车身,更换轮胎就更方便了。

Firebird 系列

Firebird 系列概念车可以让我们看出哈利·厄尔有多喜欢飞机，不论是 Firebird I、Firebird II 还是 Firebird III，外形都像是小型的飞机，但这三款车在性能、功能方面都有很大的差异。

凯迪拉克 Cyclone（1959）

Cyclone 的车灯被塞进了格栅里，原本车灯的位置被火箭般的锥体取代了，里面藏着防撞系统。当雷达侦测到障碍物，就会发出声响和亮灯警示，近到一定距离时，还会自动刹车。

赛车飞驰

发展到今天,赛车运动已经有超过100年的历史了。那么在汽车时代初期,谁的速度与耐久性才是第一?当时,为了证明汽车性能,多个品牌展开了比赛。轰轰烈烈的汽车比赛就这样开始了……

状况百出的汽车赛

1894年,法国巴黎一家日报社组织举办了一场汽车比赛。在这次比赛中,车辆的安全性、操纵性、维持成本……都是比拼的主题。然而,参赛的8辆蒸汽汽车和13辆汽油汽车中,有一辆刚开始就撞上了行人,还有5辆中途损坏,提前退场,可以说状况百出。

虽然这是你第一次参赛,但不要紧张。

汽油汽车崭露头角

1895年6月,第一场真正意义上的汽车比赛在法国举行。这场比赛由《鲁·普奇·杰鲁纳尔报》和法国汽车俱乐部联合举办,全程1178千米。汽油发动机车在这场比赛中发挥出了明显的优势,大部分都完成了比赛。

专门的赛场

公路赛车存在很多安全隐患，随着时间的推移，汽车比赛开始在封闭赛场和跑道上进行，有的赛道还会特意放上护栏。

要想卖，就比赛

比起四处打广告，花费成本宣扬自己品牌的汽车有多好，还不如去参加汽车比赛，以此来证明实力，这是早期汽车厂商的一个共识。慢慢地，汽车比赛逐渐在欧洲及美国繁荣起来，掌握核心技术的英国、法国、美国、德国和意大利处于领先地位。

蓝旗亚（Lancia）

1904年，意大利举办Coppa Florio比赛。热衷汽车赛的Vincenzo设计制造的蓝旗亚拿到了冠军。

流线型车身

20世纪20年代以前,汽车都是方方正正的。后来,随着汽车速度提高,到了30年代,车速已经能达到每小时129千米。这时的设计师们开始考虑如何减小空气阻力,改变汽车的身形是一个绝佳的好办法:汽车身高压低;车身从方形变得圆滑,这样流线型的车身让汽车向更快的速度迈进。

梅赛德斯-奔驰150H 运动敞篷车(德国,1934年)

这款赛车发动机中置,设有螺旋弹簧、盘式车轮和断开式后桥,技术先进,而且操控性十分优良。

Steyr 50(奥地利,1936年)

Steyr 50呈泪珠状,它的动力性很强,能轻松越过那些陡峭的路段。

V形散热器格栅

雷诺 Renault Viva Gran Sport（法国，1936 年）

V 形散热器格栅、后掠翼组成的非垂直车身、流线型前翼上的前大灯……众多时尚元素使 Renault Viva Gran Sport 成为当时颇具设计感的汽车。

林肯 Lincoln Zephyr（美国，1936 年）

Zephyr 是林肯汽车家族中第一款拥有全整体式车身结构的汽车。这样大胆、具有创新性设计的汽车很有现代感，一出现就成了当时林肯汽车中的销售之王。

曲线形顶篷

小巧的后备厢

时尚的白色轮胎

不好啦！着火啦！

大家好！我叫高山，是土生土长的上海人，现在在一家报社工作。刚才听说发生了严重的火灾，快和我去看一下吧！

火光冲天！看来灾情还挺严重，好在消防车已经到了！早在16世纪，消防车就出现了，那时它还是"消防马车"，车子由马牵引着，上面安着人力大水泵。瓦特发明蒸汽机以后，消防水泵改由双缸蒸汽机驱动。后来，搭载云梯、完全靠内燃机驱动的消防汽车开始出现。多亏前人发明、改良了消防车，不然今天这场大火怕是很难控制住。

发现新闻！赶紧拍照！

那好像是我家……

啊！救护车来了！那些烧伤的人总算有救了。据我所知，救护车最初是一种简易马车，出现在美国南北战争中。后来汽车工业飞速发展，20世纪初，法国人用汽车改装出了世界上第一辆救护车。这辆是公共租界的救护车，它会马上把伤员拉到医院去。

警察来干什么？难道这场火灾是有人故意作案？老实说，我没觉得现在的警车和路上的其他汽车有什么不同，要说有，那应该是自带强大的气场吧！世界上第一辆警车于19世纪90年代末在美国中东部的俄亥俄州诞生，是一辆电动车。谁能想到，它执行的第一个任务居然是去救一个醉汉。

硬件革新

时间的车轮在滚动,不同模样的汽车相继登场。它们的性能不但一代更比一代强,硬件及其配套设施也是越变越多。不知道从什么时候开始,这些令人舒适的配置已经帮汽车摘掉了"简单代步工具"的帽子。

电话比收音机早"上车"

车载系统的故事是从哪里开始的呢?是收音机吗?不,正确答案是电话。早在 20 世纪初,爱立信的创始人拉什·马格拉斯·爱立信就把电话"搬"上了汽车(利用电线杆和摇柄使用)。之后,车载电话技术越来越成熟,人们甚至可以随意在移动的汽车上拨打电话。

1924 年,第一辆搭载收音机的汽车出现在大众视野当中,它来自于雪佛兰品牌。很快,车载收音机迎来了黄金时代,慢慢地开始成为各个车型的标配。

喂?你打错电话了。

把路看得更清楚

没有雨刮器之前,雨天、雪天司机看不清路,所以经常发生交通事故。1903 年,一位叫玛丽·安德森的美国女性发明了首个手动雨刮器。后来,人们为了驾驶安全,又发明了电机雨刮器。1919 年,半自动雨刮器面世,我们现在使用的间歇性雨刮器就是在这些雨刮器的基础上发明出来的。

1954 年装有车载空调的 Pontiac（庞蒂克）汽车

让冷热与你无关

真正的汽车空调到 1938 年才出现，这比汽车发展晚了半个多世纪。这一年，美国人帕尔德因受冰箱"冷气"原理的启发，发明了汽车空调。可是，汽车空调的发展春天并没有到来，没多久，"二战"就爆发了。直到"二战"结束，汽车空调才再次走上发展之路。1954 年，Nash 汽车公司首创给汽车安装上了一款集加热和制冷于一体的空调。

后视镜出现啦！

最先提出用镜子观察车后情况的是一位英国传奇女赛车手多萝西·莱维。可惜，她当时并没有把这个想法变为现实。1911 年，美国赛车手、工程师瑞·哈罗恩在一次车赛上突发奇想给自己的赛车装上了耳朵一般的后视装置。之后，他人纷纷效仿。1921 年，汽车后视镜的专利被一位名叫 Elmer Berger 的人获得，从那以后，后视镜才开始批量生产。

早期的后视镜大多是圆形的，而且只有驾驶员一侧才有。

变多的运输车

第二次世界大战期间,那些简单、耐用、运输能力强的汽车一时间成了"宠儿"。它们或化身为移动的"后勤仓库",运输大量的食物和货品,或化身为"战地金刚",在恶劣的环境中转移部队、重要人员。战争结束后,全世界都进入经济复苏阶段,这些坚固、耐用的运输车辆同样很有市场。

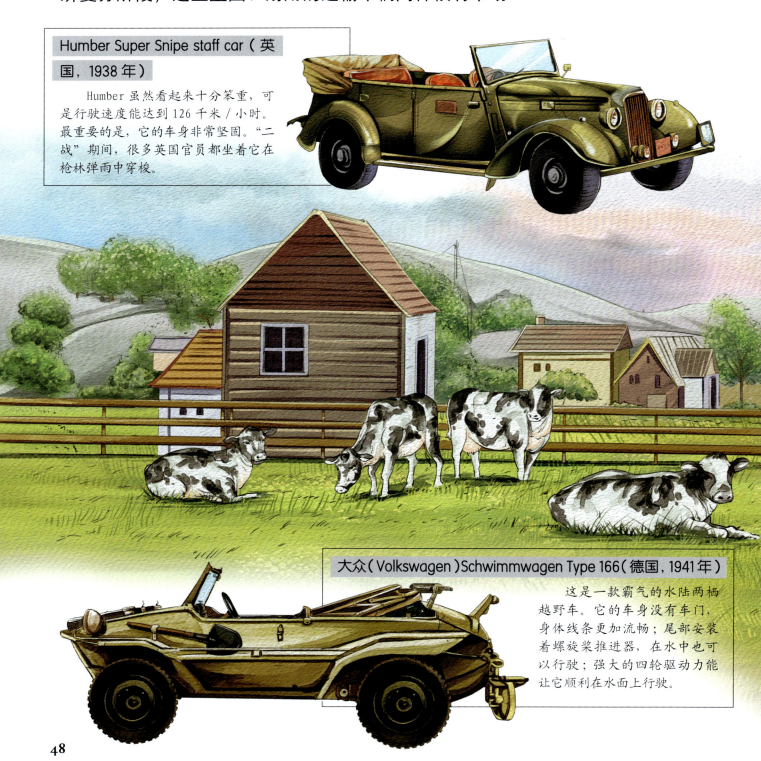

Humber Super Snipe staff car(英国,1938 年)

Humber 虽然看起来十分笨重,可是行驶速度能达到 126 千米/小时。最重要的是,它的车身非常坚固。"二战"期间,很多英国官员都坐着它在枪林弹雨中穿梭。

大众(Volkswagen)Schwimmwagen Type 166(德国,1941 年)

这是一款霸气的水陆两栖越野车。它的车身没有车门,身体线条更加流畅;尾部安装着螺旋桨推进器,在水中也可以行驶;强大的四轮驱动力能让它顺利在水面上行驶。

福特（Ford）F1（美国，1948 年）

福特 F1 是美国福特公司在"二战"后推出的一种皮卡车。它外观时尚，整体比例十分协调，而且安装着全新的 V8 发动机，动力强劲。这款车一上市，当年就创下了 11 万辆的销量。

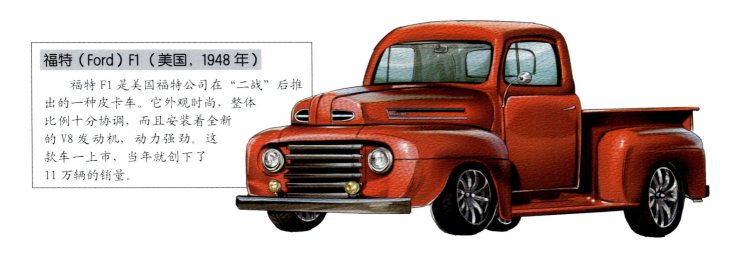

雪佛兰（Chevrolet）Stylemaster 货车（美国，1946 年）

雪佛兰的这款车配备着六缸发动机，而且容量很大。对于一些需要在乡村地区往返、运输货物的人来说，再适合不过了。

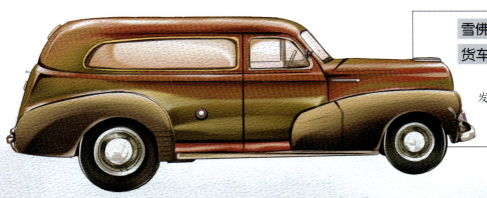

路虎（Land-Rover）Series I（英国，1948 年）

Series I 可以一车多用，既可以充当市场上售卖商品的货车，又可以在田垄间自由驰骋，还能接送孩子上下学，非常方便，是很多农民家庭首选的必备车。

开起我心爱的小汽车！

去他乡

Hello！我叫杰克。我即将驾车远行，穿越美国的"母亲之路"——66号公路。一想到沿途能看到那么多美景，心里还真是期待！不耽搁了，马上出发！

大家看到我这个"搭档"了吗？一辆Henry J，这是几天前，得知我要旅行，朋友特意借给我的。Henry J安装着低价发动机，价格很低廉，不然，像我们这样的普通人根本买不起。话说回来，它已经有点儿老旧了，真希望它在路上不要出什么状况。

66号公路一共穿越8个州，全长约3939千米。它东起芝加哥，西至洛杉矶圣莫尼卡太平洋海岸。如果情况允许的话，我打算走完全程。这样此次旅行才圆满，你们说是不是？

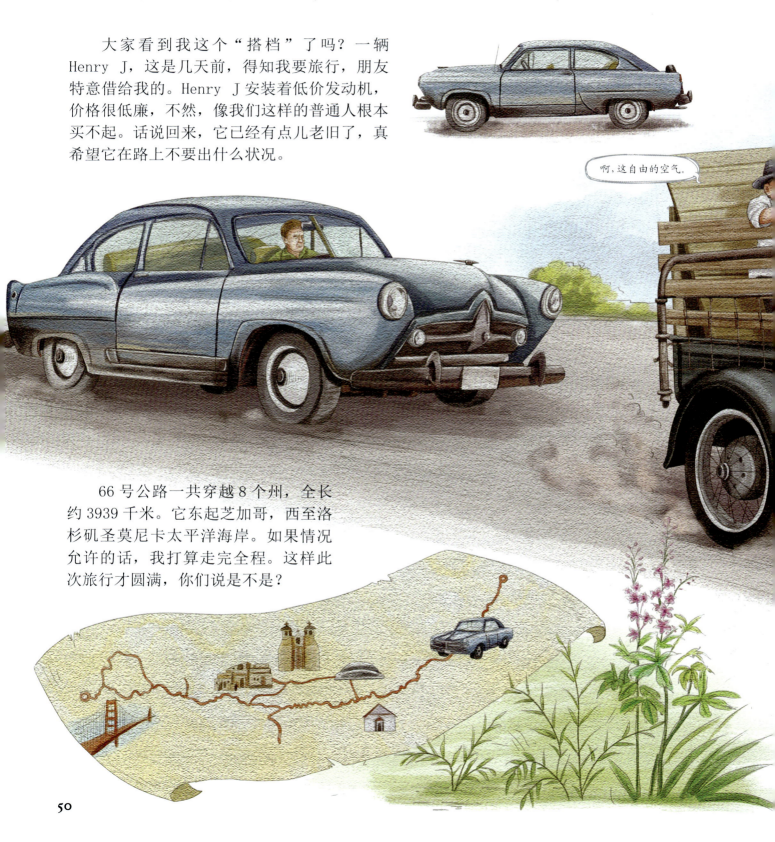

现在 66 号公路比前些年冷清了不少。你们知道吗？第二次世界大战（以下简称"二战"）期间，加利福尼亚州的经济发达，而且还有一些军备产业，就业机会多，所以，东部的人喜欢迁徙到那里生活。很多人当时走的就是这条路。此外，这条路当时还是运输军用物资、转移部队的要道。不过，现在多数人和我一样，是为了旅游度假才踏上这条路的。

天快要黑了,我得赶紧找一个落脚的地方……啊!前面有家汽车旅馆,真是太好了!希望还有空房间。对于我这种不太富有的人来说,廉价的汽车旅馆是最好的去处。如果幸运,这儿除了能提供生活必需品,说不定还有彩电和室外水池。

哦?住在我对面的伙计是一个黑人?别误会,我并没有种族歧视观念,不过很多白人可不像我这么想,他们常常把黑人拒之门外。我听说,黑人有一本专门的"绿皮书",也就是旅游指南,上面记录着一些可以接纳他们的住宿、用餐和娱乐场所等信息,据说这本书每年更新、出版一次。看来这家汽车旅馆的老板很友好,旅馆的名字应该也在"绿皮书"上。

这一路走走停停，我已经去了不少地方，看到了很多美景。兼具罗马和拜占庭建筑风格的剧院，风格各异的加油站、汽修站，绝美的科罗拉多大峡谷……想想真是不虚此行！我的"搭档"很体谅我，一路上都没"闹脾气"，为了纪念这段旅程，我打算回去之后就把它从朋友手里买过来。

前面怎么停着那么多车？原来这是一家快餐厅啊。"McDonald's"？看来有许多赶路人都在这里停车，充饥修整。我正好肚子有点儿饿，进去看看有什么吃的。汉堡包、薯条、奶昔……看起来都很美味。

美国汽车的叛逆期

第二次世界大战之后,美国汽车行业进入"繁荣时代"。汽车生产商纷纷把目光放在了豪华车和高速度车的研究上。为此,他们开始在汽车上设计、增加各种镀金边条和一些浮夸的装饰,给汽车安装马力更强的发动机。

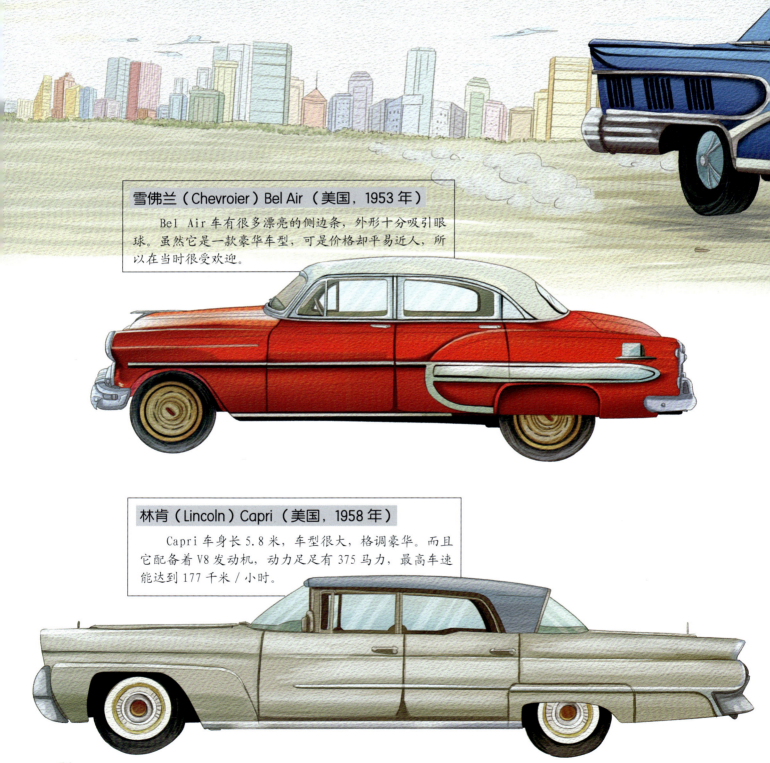

雪佛兰(Chevroier)Bel Air(美国,1953 年)

Bel Air 车有很多漂亮的侧边条,外形十分吸引眼球。虽然它是一款豪华车型,可是价格却平易近人,所以在当时很受欢迎。

林肯(Lincoln)Capri(美国,1958 年)

Capri 车身长 5.8 米,车型很大,格调豪华。而且它配备着 V8 发动机,动力足足有 375 马力,最高车速能达到 177 千米/小时。

别克（Buick）Limited Riviera（美国，1958 年）

Limited Riviera 最引人注目的地方就是那粗大的尾翼。除了造型比较奢华外，它还拥有 300 马力的发动机。不过奇怪的是，Limited Riviera 的销量并不好。

凯迪拉克（Cadillac）Edsel Corsair（美国，1959 年）

Corsair 融合了许多美国汽车"黄金时代"所共有的一些特征，颜值很高且动力强劲。可是，它在市场中却表现平平，很快便退出了汽车历史舞台。

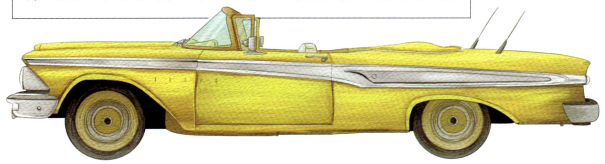

凯迪拉克 Series 62 Sedan（美国，1959 年）

1959 年的 Series 62 是这个系列车型中最为经典的，它拥有着漂亮的尾鳍，贯穿车身侧面的金属饰条，车身显得修长而紧实。

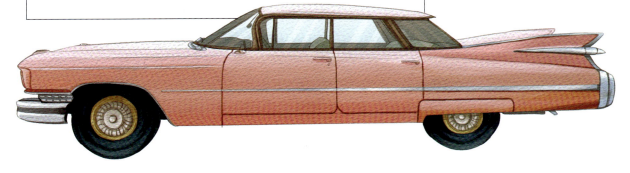

赛车手的摇篮——卡丁车比赛

并非所有人都能驾驶着赛车在赛道上尽情驰骋。不过,即使你不是一名职业赛车手,也有机会充分感受速度与激情的魅力,因为我们还有卡丁车。正是它让普通人有了触及速度之巅的机会,培养了一批又一批优秀的 F1 职业赛车手冠军。

割草机 + 肥皂盒车

20 世纪 50 年代以前,很多美国普通家庭的孩子都有一种好玩的玩具——肥皂盒车。后来,父母们奇思妙想,把自家割草机的发动机安在了肥皂盒车上。这便是卡丁车的雏形。孩子们有了新玩具,自然要比试一番,于是热热闹闹的车赛开始在各个街头盛行起来。

英吉斯把一台割草机发动机安装在由钢管焊制的简易车架上。

第一款批量生产的卡丁车

1956 年,美国人阿特·英吉斯制成了一款卡丁车。接下来,他还特意邀请很多人对卡丁车进行测试。在获得一致好评后,他正式开始量产,让这款卡丁车走进了千家万户。阿特·英吉斯也因此被称为"卡丁车之父"。

五花八门的卡丁车

在阿特·英吉斯的引领下,卡丁车迅速在美国及很多欧洲国家"蹿红"。慢慢地,卡丁车制造商越来越多,不同造型的卡丁车也相继面世。为了获得卡丁车迷的青睐,各大厂商挖空心思开始在细节寻求突破,其中就不乏一些设计感十足的梦幻车型。

ZIP Le Mans卡丁车拥有炫酷的一体式车壳,此外,无论是座椅、刹车踏板还是油门,看上去都非常精致。

宝贝加油,看爸爸这里!

这是Alfetta 158,1950年Nino Farina驾驶着这台车取得了第一届F1的冠军。

人才辈出

随着时间的推移,卡丁车赛事越来越多。1962年,国际汽车联合会卡丁车委员会正式成立,这意味着卡丁车比赛开始步入正轨。很多优秀的一级方程式赛车手正是从卡丁车赛中一步一步成长起来的。我们熟知的阿兰·普罗斯特、埃尔顿·塞纳、迈克尔·舒马赫等,最初都是卡丁车赛车手。

一代车神埃尔顿·塞纳

世界一级方程式锦标赛

当今世界存在"三大体育盛事",一项是奥运会,一项是世界杯,还有一项是F1,也就是我们所说的"世界一级方程式锦标赛"。作为一项顶级赛事,F1代表着世界赛车的最高水平。

时代的印记

1950年5月13日,第一届F1比赛在英国北安普顿正式拉开帷幕。当时的银石赛车场还是简陋的石子路,不过,那时仍有14支车队参赛。最终,意大利车手法里纳发挥出色,以144千米/小时的速度用时1分50秒6创造了单圈最快纪录,拿到了冠军。

赛车革命

早期,F1赛车是典型的管状车架结构,引擎安装在驾驶室之前,油箱位于座椅之后。1958年,Cooper-Climax赛车率先打破常规,将发动机后置,掀起了一场技术革命。没多久,这种赛车彻底普及。随后,F1赛车迎来了"进化阶段",从造型、材质到性能、系统布局,一代又一代F1走进了我们的视野。

现代 F1

发展到现在，每辆 F1 赛车几乎都是独家定制的，而且大部分来自世界知名汽车品牌，这意味着它们价值不菲。要知道，很多 F1 赛车售价超过 700 万美元，甚至都可以与一架小型飞机相媲美了。不过，与过去相比，现代 F1 赛车无论是性能还是舒适度、安全性，都有了很大的提高。

世界最难考的驾照

在 F1 驾照面前，我们的普通汽车驾照简直就是小儿科。一位普通的车手通常需要 8 年的时间从小型赛车开始，逐步晋级成为 F1 车手，然后，他还需要参加多次比赛，并拿到相应的奖项和积分，才可能拿到这张超级驾照。要知道，目前全世界拥有 F1 驾照的也不过 100 人。可想而知，这些人都是世界顶级赛车手。

1955年勒芒的悲剧

赛车拥有无可比拟的神奇魅力,让很多人为之疯狂,更有很多赛车手将其视为自己一生的事业和梦想。可这项运动充满了挑战和危险,赛车手时刻与死神为邻,稍有不慎便可能丢掉性命,酿成惨剧。1955年,勒芒24小时耐力赛上出现的悲惨一幕,就曾让世界赛车史都蒙上了一层阴霾。

艰难的超级大赛

勒芒,这个法国小城,似乎籍籍无名。但因为一项汽车赛事,它成了无数人心目中的"朝圣地"。没错,这项赛事就是勒芒24小时耐力赛。比赛要求每台赛车在单圈长约13.5千米的跑道上,一直跑上24个小时。只有那些兼具速度与耐力的赛车才可能最终赢得比赛,而赛车手则必须具备丰富的经验和过硬的技术。

勒芒之殇

1955年6月11日,勒芒赛道旁人山人海,到处都是热情欢呼的观众。比赛开始3个多小时以后,捷豹厂队的人打出PIT板,提醒车手Mike Hawthorn加油。这辆D-TYPE车当时拥有非常先进的碟式刹车系统,可以瞬时减速。这时,Mike Hawthorn突然踩下刹车,让紧随其后的Lance Macklin慌了手脚,他急忙调整Austin-Healey赛车变线躲闪。

现代 F1

发展到现在，每辆 F1 赛车几乎都是独家定制的，而且大部分来自世界知名汽车品牌，这意味着它们价值不菲。要知道，很多 F1 赛车售价超过 700 万美元，甚至都可以与一架小型飞机相媲美了。不过，与过去相比，现代 F1 赛车无论是性能还是舒适度、安全性，都有了很大的提高。

世界最难考的驾照

在 F1 驾照面前，我们的普通汽车驾照简直就是小儿科。一位普通的车手通常需要 8 年的时间从小型赛车开始，逐步晋级成为 F1 车手，然后，他还需要参加多次比赛，并拿到相应的奖项和积分，才可能拿到这张超级驾照。要知道，目前全世界拥有 F1 驾照的也不过 100 人。可想而知，这些人都是世界顶级赛车手。

1955 年勒芒的悲剧

赛车拥有无可比拟的神奇魅力，让很多人为之疯狂，更有很多赛车手将其视为自己一生的事业和梦想。可这项运动充满了挑战和危险，赛车手时刻与死神为邻，稍有不慎便可能丢掉性命，酿成惨剧。1955 年，勒芒 24 小时耐力赛上出现的悲惨一幕，就曾让世界赛车史都蒙上了一层阴霾。

艰难的超级大赛

勒芒，这个法国小城，似乎籍籍无名。但因为一项汽车赛事，它成了无数人心目中的"朝圣地"。没错，这项赛事就是勒芒 24 小时耐力赛。比赛要求每台赛车在单圈长约 13.5 千米的跑道上，一直跑上 24 个小时。只有那些兼具速度与耐力的赛车才可能最终赢得比赛，而赛车手则必须具备丰富的经验和过硬的技术。

勒芒之殇

1955 年 6 月 11 日，勒芒赛道旁人山人海，到处都是热情欢呼的观众。比赛开始 3 个多小时以后，捷豹厂队的人打出 PIT 板，提醒车手 Mike Hawthorn 加油。这辆 D-TYPE 车当时拥有非常先进的碟式刹车系统，可以瞬时减速。这时，Mike Hawthorn 突然踩下刹车，让紧随其后的 Lance Macklin 慌了手脚，他急忙调整 Austin-Healey 赛车变线躲闪。

谁也没有想到，这时后面有两辆奔驰 300SLR 呼啸而来。其中一辆 20 号奔驰 300SLR 根本来不及反应，径直撞向了 Austin-Healey 赛车。紧接着，它在巨大的作用力下，朝着左侧护栏撞去。更让人难以预料的是，它又飞速被弹起，像一团火球一样坠落在观众之中。驾驶这辆赛车的阿根廷选手 Pierre Levegh 和 84 位观众当场死亡，另外还有 120 位观众受伤。而 Austin-Healey 赛车则侥幸逃过一劫。

我的老天，发生了什么？

事后，戴姆勒-奔驰公司当即宣布退出比赛。法国、德国、西班牙、瑞士等国家考虑到安全问题，也在赛后禁止国内进行赛车运动。

新中国汽车初登场

当西方国家的汽车工业进行得如火如荼的时候,中国还在走农业经济的老路。随着汽车传到国内,国人的心中渐渐有了一颗萌芽的种子——制造一辆中国人自己的汽车。为此,一代又一代人孜孜不倦地努力探索。新中国成立后,这个梦想终于变成了现实。

积极探索

早在20世纪20—30年代,很多中国的有志之士都有制造汽车的想法,可是因为技术落后,又不知道该如何操作,所以最终只能无奈放弃。后来,怀揣制造汽车梦想的少帅张学良和结拜兄弟李宜春从美国买了一辆瑞雪牌卡车。他们先让工人把这辆卡车拆得七零八落,然后按照零部件复制加工,最后把复制出来的零件组装到一起,造出了中国历史上第一辆汽车——"民生"。

中国第一辆自主生产的汽车

汽车"喝"油,需要花费大量金钱,有没有什么东西能代替石油让汽车跑起来呢?1928年,曾有留洋工作经历的汤仲明开始了他的研究之路。三年后,他把自己潜心发明的木炭代油炉装到了一辆汽车上,并进行了试驾实验。实验结果证明,汽车也能正常行驶,而且一点儿都不慢。

新的曙光

在逐梦汽车的道路上,国人做了不少努力,可战火席卷华夏大地,刚刚起步的汽车工业被扼杀在摇篮里。直到新中国成立以后,我国的汽车工业才开始迎来希望的曙光。1949年,中国领袖毛泽东访问苏联,希望为中国经济争取外援。在参观了斯大林汽车厂后,他决心要向苏联学习汽车制造技术。

1956年7月13日,这个对中国汽车具有里程碑式意义的日子值得所有中国人铭记。这一天,中国第一辆解放牌汽车在长春一汽下线,标志着中国不能自己造车的岁月已经成为历史,中国终于实现了汽车工业从零到一的伟大突破。此后,东风CA71、红旗770……中国汽车的史册就这样一页一页被刷新。

东风CA71

安全最重要

汽车历史进入"黄金时代"以后,人们对汽车安全的关注度越来越高。有些人甚至把汽车安全视为选择汽车的第一要素。为了保障驾驶者的生命安全,发明家们不断尝试、努力,创造出了一代又一代更加科学、安全的汽车装置。

保险杠

尽管保险杠早在 20 世纪初就出现了,可是一直未引起人们的重视,当时它并不是汽车的必备配置。1922 年,美国一家威廉汽车商店正式推出了汽车保险杠,宣传它是一种"廉价的防碰撞保险装置"。从那以后,保险杠才逐渐走进大众视野。随着时间的推移,保险杠的材质和模样一直在发生变化。

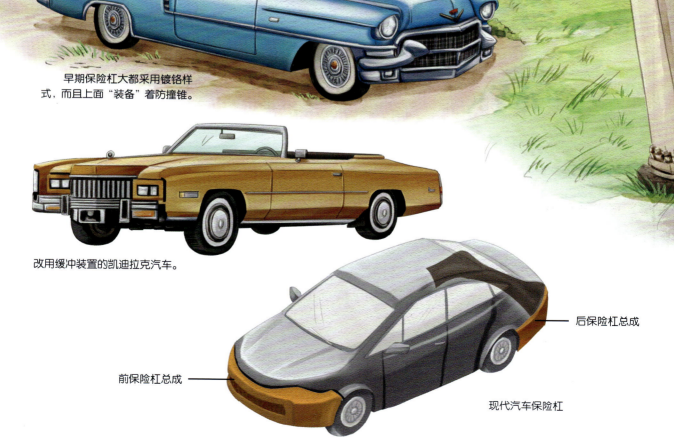

早期保险杠大都采用镀铬样式,而且上面"装备"着防撞锥。

改用缓冲装置的凯迪拉克汽车。

前保险杠总成

后保险杠总成

现代汽车保险杠

三点式安全带

1958 年，沃尔沃汽车公司的工程师尼尔斯·波林取得了三点 V 形安全带的专利。很快，三点 V 形安全带成了所有沃尔沃汽车的标配。渐渐地，它开始在世界范围内普及。这项专利对于汽车发展史来说，具有划时代的意义，因为它在之后的几十年间，曾拯救了无数人的生命。

安全气囊

1953 年，因为一次事故，美国宾夕法尼亚州的工程师约翰·赫特里设计出了一款撞车安全气袋，并取得了专利，这就是安全气囊的雏形。事实证明，这个特别设计能大大减少车祸的死伤率。

跑车风靡

"二战"结束之后,世界经济再次焕发出勃勃生机,跑车的需求量日益增加。欧美汽车行业在这种需求的推动下,开始了新一轮的设计技术革命。于是,跑车家族逐渐发展壮大,不断有新的跑车引领时尚潮流,在汽车史册上留下闪亮的足迹。

名爵MGA(英国,1955年)

1955年,MG推出了一款空气动力学效果极佳的车型——MGA。它的外形"靓丽",最高车速能达到161千米/小时。这种速度在当时足以让它把其他汽车远远甩在身后。要知道,著名的英国车手斯特林·莫斯就曾对MGA青睐有加。

MGA是世界上第一款安装四轮碟刹制动系统的汽车。

法拉利(Ferrari)250GT加利福尼亚Spider(意大利,1959年)

加利福尼亚Spider具有一种高贵迷人的"气质",是法拉利历史上最漂亮的车型之一,备受广大车迷的喜爱。作为演员的座驾,它曾在电影中"惊艳亮相"。现在这款车已经价值百万元,成了名副其实的"车星"。

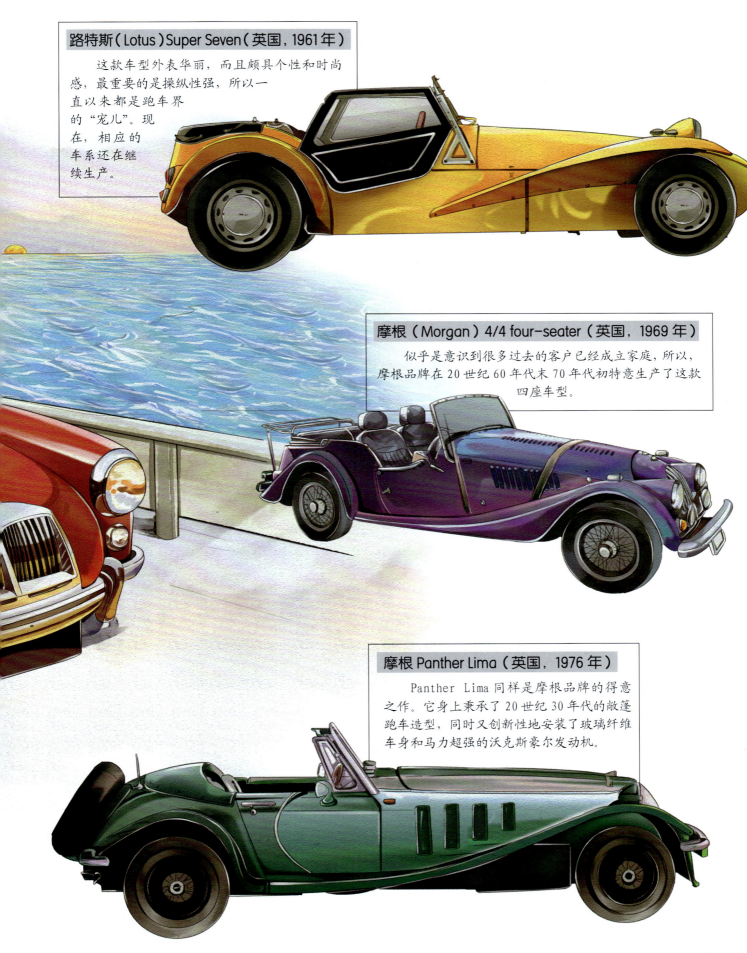

路特斯（Lotus）Super Seven（英国，1961年）

这款车型外表华丽，而且颇具个性和时尚感，最重要的是操纵性强，所以一直以来都是跑车界的"宠儿"。现在，相应的车系还在继续生产。

摩根（Morgan）4/4 four-seater（英国，1969年）

似乎是意识到很多过去的客户已经成立家庭，所以，摩根品牌在20世纪60年代末70年代初特意生产了这款四座车型。

摩根 Panther Lima（英国，1976年）

Panther Lima 同样是摩根品牌的得意之作。它身上秉承了20世纪30年代的敞篷跑车造型，同时又创新性地安装了玻璃纤维车身和马力超强的沃克斯豪尔发动机。

宝贵的石油

就在世界汽车行业高度繁荣的时候，因战争引起的石油危机突然席卷全球。它让原本靠奢华、大车取胜的汽车制造商不得不被动做出改变。于是，一场关于汽车的变革悄然上演。与此同时，以小巧、经济著称的日、德系车开始登上历史舞台。

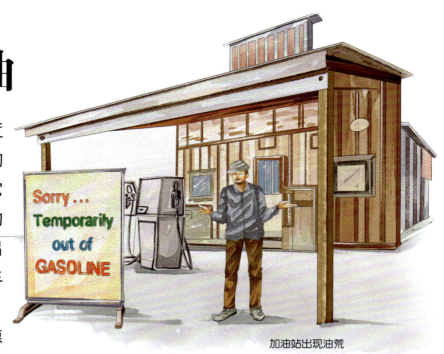

加油站出现油荒

引爆经济炸弹

1973年10月，以色列与叙利亚、埃及开战，第四次中东战争爆发。作为以色列的支持者，美国等国家遭到了石油输出国组织的报复。当月20日，石油输出国组织就宣布对这些国家禁运石油。世界石油价格突涨两倍多，由此诱发了一场几乎波及全球的经济危机。

1978年底，上一次石油危机的浪潮刚刚退去不久，伊朗政局突然出现动荡，紧接着两伊战争爆发。结果，这再次引爆了石油危机的"炸弹"。因为油价暴涨，导致很多欧美国家的经济都出现了衰退。

痛定思痛

石油危机让美国等国家陷入了"油荒"：很多工厂因此倒闭关门；加油站前排起了长队；工业遭受重创，经济呈负增长态势……美国从中吸取教训，在第一次石油危机结束后，一方面大量增加石油储备，另一方面制定相应的法律法规，强制汽车商降低油耗，提倡节能减排。

因为无油可用，人们甚至用马来拉动汽车。

第一代道奇 Challenger（挑战者）

风格突变

在政策和经济形势的影响下，包括美国在内的各大汽车厂商纷纷缩减汽车尺寸，努力降低排量。几乎是在很短的时间内，那些原本修长、宽大，十分拉风的汽车，突然变得小巧、简单起来。与之相对应的，设计师们的思维似乎也被限制住了，曾经风光无限、吸引眼球的汽车在市场上变得黯淡。

第二代道奇 Challenger（挑战者）

异军突起

在两次石油危机期间，日系车抓住机会，大力宣传小型省油轿车。很快，他们就凭借价格和油耗优势在美国打开了市场。短短几年间，单是日本本田车系的销量就从最初的 1300 辆上升到了 10 万辆。此外，一向以车型小巧、动力强劲的德系车也逐渐受到人们的追捧、青睐。

20 世纪 70 年代的本田汽车

第三章
进一步，更进一步

风靡全球的意大利设计

从古至今，尽管时间更迭，岁月流逝，但人们对美的追求始终不变，这一点在汽车的车身上也有体现。而作为一个长期走在时尚界前沿的国家，意大利那些极富才华的车身设计师与制造商，在20世纪80年代的汽车界可谓是呼风唤雨，即使到了现代，意大利的车身设计对汽车界依然有着极大的影响力。

成功转型的马车制造商们

人类驾驶马车的历史长达几千年，马车制造这个行业也因此应运而生。在当时，许多贵族和富豪为了彰显身份，都会从马车制造商那里专门订造华丽的马车车身。后来，汽车时代悄然降临，性能和舒适度较差的马车渐渐被淘汰，一大批马车制造商抓住机遇，成功转型，专门制造符合人们心意的汽车车身。充满想象力的设计，以及值得信赖的品质，给人们留下"意大利出品，必属精品"的印象。

华丽的贵族马车

设计天才——马塞罗·甘迪尼

马塞罗·甘迪尼设计了许多款经典跑车，他的老师努西奥·博通形容他是跑车设计的天才。甘迪尼为兰博基尼和布加迪设计出了惊艳世界的汽车，尤其是兰博基尼的Miura更是被许多设计师推崇为"世界最漂亮的车。"

兰博基尼（Lamborghini）MiuraP400（意大利，1966年）

Miura一经亮相，便以前卫优美的造型获得人们的疯狂追捧。即便现在再去看它，也会为它的外形赞叹。

世纪设计大师——乔治亚罗

乔治亚罗在整个汽车界是响当当的"金字招牌"。这个天才的意大利人站在了车身设计领域的巅峰。在几十年的从业生涯里，他为许多名牌汽车设计了经典又不乏想象力的车身。

玛莎拉蒂（Maserati）Ghibli（意大利，1970年）

Ghibli 充满野性与战斗气息，一经面世，不知道多少人为它的外形着迷，它的设计师就是乔治亚罗。

蓝旗亚（Lancia）Thema（意大利，1984年）

蓝旗亚 Thema 的设计也许并不新颖，但却极具前瞻性和实用性，影响了此后十年的汽车界。

跑车设计之王——乔瓦尼·米切罗蒂

在44年的职业生涯中，乔瓦尼设计了超过2000款跑车，一个"跑车之王"的称号实至名归。

玛莎拉蒂（Maserati）3500GT（意大利，1957年）

3500GT 是玛莎拉蒂最经典的车型之一，车身流畅优雅又个性十足，是乔瓦尼的经典作品。

狂野的美国"肌肉"

20世纪六七十年代的美国汽车界忽然刮起了一阵"肌肉"旋风，人们对那些安装大排量V8发动机，动力强劲或车身外形粗犷的"肌肉车"十分青睐。可惜的是，由于20世纪70年代爆发的石油危机，使大排量的"肌肉车"很快衰落了。

普利茅斯（Plymouth）road runner superbird（美国，1970年）

提到"肌肉车"，就必然绕不开这款"road runner superbird"，它算是20世纪70年代美国"肌肉车"的"扛把子"。值得一提的是，这款车的名字据说是为了向当年的某部动画片致敬。

福特（Ford）Falcon XA Hardtop（澳大利亚，1972年）

福特名下的这款"肌肉车"除了作为普通大众的座驾外，也有很多赛车手青睐于它，车速可以超过每小时250千米。传闻这款"肌肉车"的某种改装版，曾毁坏过竞赛专用的赛道。

MGB GT V8（英国，1973年）

这款车型虽然同样属于"肌肉车"的行列，但由于较为轻便的发动机，使得整体重量都显得较轻。

"肌肉车"的"心脏"——V8发动机

20世纪60到70年代的美国汽车,大多装有这种强劲有力的发动机。不是所有安装V8发动机的汽车都叫"肌肉车",但每台"肌肉车"一定有V8发动机。

雪佛兰 科迈罗(Chevrolet Camaro)(美国,1966年)

这是一款十分经典的车型,几十年长盛不衰,即使到了现代,也有很多人对它十分熟悉。

庞蒂亚克(Pontiac Trans AM)(美国,1975年)

庞蒂亚克车型是石油危机爆发后出产的,当时已经处于"肌肉车"衰落的阶段,它的动力已经受到波及,被削弱了。

1989 年的北京

　　哟，几位头一次来北京吧，这是打算去哪儿？要不您几位坐我这辆面的，便宜实惠，空间也大，我也给您几位介绍介绍咱们的首都面貌。

　　您问我这面的什么牌子？天津大发，中日合资生产，上个月刚买的。为什么买？嗨，我这不是瞧见满大街都是黄面的，有些好奇嘛，仔细一打听，才知道现在政策放宽，出租车行业慢慢流行起来，好些人都挣了钱，我也就买了一辆。瞧，那些开黄面的过去的都是我同行！对了，说起这面的为什么是黄色，据说是因为黄色很醒目，这点是和美国人学的。

　　哟，红灯了，前面还有交警在指挥交通，咱们赶紧停这儿等一等。嗯？您说这红绿灯不用手动切换吗？过去的确是这样，不过时代在进步，科技在发展，咱们首都的红绿灯已经能做到自动切换了。看，现在这不是变绿灯了吗？坐稳了，咱们继续往前走。

大众桑塔纳

夏利 TJ7100

我也算是个老北京了。这么些年咱们国家发展可真快啊！我小时候大街上哪有几辆汽车啊，清一色都是自行车。现在可不一样了，您几位往街上瞧瞧，什么牌子的小汽车都有。看，那辆是进口的大众桑塔纳；标致505，合资车；哟呵，天津夏利TJ7100！这车可不便宜！

好嘞，颐和园到了，您几位可以下车了。哟，老太太慢着点哈，小伙子你搀着你家老太太点，过马路千万要走"斑马线"，别给人交警同志添麻烦！回见了您嘞！

奇异的汽车

20世纪80年代的汽车界，百花齐放，争奇斗艳。在这个时期，许多汽车大厂为了吸引顾客，增加销量，推出了不少颠覆人们以往印象的"新潮"汽车。

NAMI Okhta（苏联，1986年）

这辆外形酷炫，仿佛从科幻电影里走出的汽车，是苏联研发的产品。车里有7个座位，其中第一排可以做到180°的回旋，第二排与第三排可以自由拆卸和放平。

本田（Honda）Prelude EX 2.0i L6（日本，1986年）

1986年，日本著名的汽车制造商——本田，对外宣布已经研制出可以使四个车轮一同转向的技术，即"四轮转向"或者"4WS"。

彩虹5号（Rainbow 5）（日本，1986年）

1986年，日本研发"彩虹5号"遥控消防车，并于同年由东京消防厅实践，这意味着未来纯粹以科技灭火的可能性大大增加。

宝马（BMW）Z1（德国，1989年）

宝马Z1是享誉全球的汽车，产量非常有限，几乎每辆都是不可多得的珍品。值得一提的是，宝马Z1的车身主要是由塑料制成的，这在当时还比较罕见。

德罗林（DeLorean）DMC-12（美国，1981年）

DMC-12是一辆不锈钢车，这在当时的汽车界，还实属首例。而更令它引人注目的设计，是可以向上抬起的"鸥翼门"，仿佛让车有了翅膀一样。

韩系车崛起

20世纪七八十年代，日系车和欧系车、美系车三分天下，几乎把持了整个全球汽车界的销售份额。而让这些汽车大鳄没想到的是，在谁也没有重视的韩国，韩系车正在悄然崛起，并很快杀出一条血路，在汽车界焕发了属于自身的光彩。

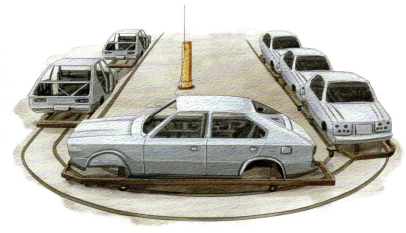

20世纪70年代现代汽车厂

惨淡的时代

韩国的汽车业在第二次世界大战结束前就已经出现了。但直到20世纪70年代，几十年过去，韩国汽车界仍没有太大的发展。据官方统计，1970年，韩国所有汽车厂商制造的车辆数目还没超过3万辆，甚至只有日本汽车年产量的百分之一。

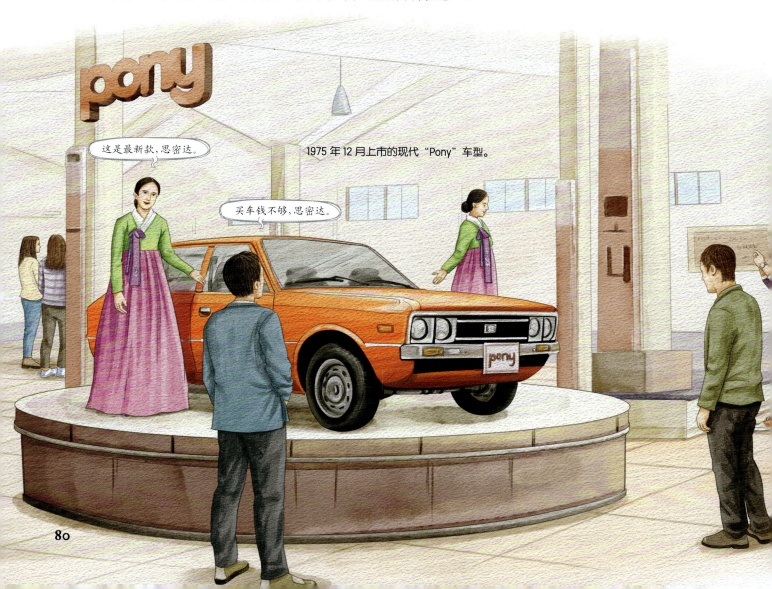

1975年12月上市的现代"Pony"车型。

国家是它的后盾！

韩国汽车产业的落魄让政府看在眼里，急在心里。最后韩国政府推出了"汽车国产化"的政策，在国家的支持下，大量引进先进的外国生产技术。"国产化"的政策对于韩国汽车界来说，不亚于一针"起死回生"的强效药剂，使它振作起来。

迈向崛起

有了引进技术的支持，韩国汽车业很快进入了腾飞阶段。从1985年到1986年，仅仅一年的时间，韩国汽车年产量就翻了一番。高速发展的韩国汽车工业很快就基本"占领"了国内的销售份额，当时的韩国人都以乘坐"国产车"为荣耀。等到了90年代，韩系车甚至已经走出国门，出口到欧美汽车市场，韩国也因此一跃成为当时世界上的汽车生产大国之一，风头一时无两。

1994年大宇Arcadia

起亚（KIA）、现代（HYUNDAI）、大宇（DAEWOO）在当时算得上韩国汽车界的三大巨头。

1991年起亚Sephia

韩系车的衰落

汽车行业算得上是韩国的支柱产业，因此它的发展也为韩国经济的腾飞起到了重要作用。可惜好景不长，1997年，席卷整个亚洲的金融风暴让韩国经济严重受挫，国内许多汽车制造商因此破产，原本一片大好的韩系车局势不断萎缩，跌落到低谷。

汽车碰撞测试

为了自身的安全考虑，人们在购买汽车时，常常会考虑很多，如车辆的质量是否合格、内部安全配置是否健全等。而作为外行人，我们没法对上述问题做出合适的判断，而汽车碰撞测试（NCAP）为我们提供了足够的参考价值。

碰撞吧，汽车！

所谓汽车碰撞测试，就是让测试车辆以一定的速度发动时，撞击结实的屏障（如墙壁、专业设施等），或者被撞击，然后根据车辆的破损程度来对其安全性打分。一般情况下，碰撞测试的成绩是按照星级高低来评判的，星级越高，意味着汽车的安全性越好，反之则越差。

玩命的碰撞测试

汽车碰撞测试并不是最近才流行起来的。早在 20 世纪 30 年代，就有汽车厂商开始做真车碰撞试验。据说一开始的测试是利用尸体来进行，也有用猴子等动物作为测试对象的。后来人们发现这样得来的测试数据并不确切，于是一些"胆大包天"的汽车工程师亲自驾驶汽车，开始各种可怕的碰撞测试。

第一个碰撞试验用假人"Sierra Sam"

20 世纪 30 年代的车祸

遍地开花的 NCAP

汽车碰撞测试起源于 20 世纪上半叶的美国。最初它只是各个汽车制造厂商的"表演秀",但百年过去,现在的汽车碰撞测试已经演变得十分正规,摆脱了汽车厂商的钳制,由独立的第三方机构进行测试。时至今日,全球到处都有专门的 NCAP 组织,极具权威性,他们出品的测试结果,可以作为广大爱车人士的购车参考。

复杂的碰撞试验

碰撞测试是一件很严肃的事情,它并不是我们想象的那样,直接正面碰撞一次就结束了。以中国机构(CNCAP)的碰撞测试为例,其主要分为以下项目:鞭打试验、侧碰试验、重叠碰撞试验、行人保护试验、主动安全试验及附加试验,内容涉及汽车的方方面面。

侧碰试验

世界拉力锦标赛

哈喽，我是这次世界汽车拉力锦标赛的解说员。可能有人对我们这项赛事不太了解，那么在比赛开始前，就由我来先为大家简单介绍一下。

顶级的汽车赛事

由国际汽联（FIA）举办的世界汽车拉力锦标赛（World Rally Championship），简称"WRC"，与F1一样是世界顶级的汽车赛事。它吸引了来自世界各地不同国家的赛车手驾驶各自经过专业改装的量产车来参加这场国际盛事，只为角逐出真正的世界冠军。

赛道恶劣，时间漫长

WRC被誉为"最严苛的汽车赛事"，是有一定原因的。首先，是对参赛车辆的严苛要求，必须是全球各大汽车厂家年产量达到一定数量的量产车，而且对改装也做出了种种限制；其次，就是赛道地形复杂，除了柏油公路以外，还有雨林、草原、泥泞、雪地、沙漠等；最后是长达几个月的比赛时间，如此漫长的赛程，对参赛选手而言，是很严苛的考验。

完美的搭档

比赛规定，每辆赛车除了车手以外，还要搭乘一名领航员。因为WRC并不是一个人的独角戏，而是一场双人舞。车手自然负责驾驶赛车，而领航员的工作就比较多了。一名合格的领航员不仅要为车手处理好生活琐事，还要给车手提前说明每天比赛的正确路线，并实时为车手通报前方路况。

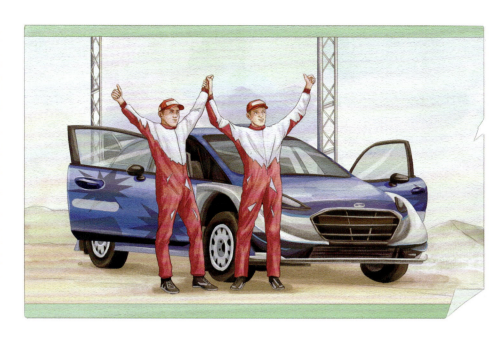

荣耀的冠军

WRC的冠军可以分为车手个人和车队团体，较量的方式就是在全球各个分站获得前八的名次，从而获得不等的积分。车手比赛时所得到的积分既是个人积分，也可以作为团队积分，当车手和车队跑完全程比赛后，年度积分最高的车手和车队就会赢得当年冠军的至高荣誉。

舒马赫传奇

迈克尔·舒马赫这个名字，在世界汽车界是一个传奇。在他的职业比赛生涯里，一共夺得了7次F1赛车的桂冠，91次分站赛排名第一，一遍又一遍地刷新世界纪录，是当代F1赛车史上最伟大的车手之一。接下来，就让我们回顾一下这名冠军车手的光辉履历吧！

缘起卡丁车

舒马赫很小的时候，就和赛车结缘了。那时候的他驾驶的还只是普通的卡丁车，从12岁获得卡丁车驾驶执照起，舒马赫就凭借高超的车技，狂揽包括德国在内的欧洲诸国卡丁车冠军，备受赛车界人士的瞩目，大家都在猜测，这个才华横溢的年轻人，究竟何时才会"闯入"赛车界呢？

崭露头角的新秀

1988年，舒马赫正式投身赛车界，不过等他真正在F1赛场上闯出名声时，已经过去了三年。1991年，天资卓越的舒马赫接连参赛，很快把自己的总分排名提到前20名。一年后，越战越勇的舒马赫的积分排名已经闯进了前三，成为当时最受瞩目的年轻车手。

冠军的征途

仅仅在两年后，20岁出头的天才舒马赫就夺得了自己人生中第一个F1年度冠军。自此之后，舒马赫的冠军之路一发不可收拾：1995年，狂揽9次分站冠军；2000—2004年，连续5年夺得世界冠军……舒马赫以一种"大魔王"的姿态屹立在赛车界顶端，成为许多赛车迷心目中的"车神"。

"舒马赫跳"是F1赛场上最具有代表性的庆祝动作之一：当舒马赫获得冠军后，就会高高跃起，双手举过头顶，手指指向天空，以此来抒发自己的兴奋之情。

"车神"的谢幕

随着时间的推移，舒马赫年龄渐长，他在2006年第一次宣布退役，暂别赛车界，转向幕后工作。2010年，舒马赫以41岁"高龄"重返赛场，打拼两年，获得不错的成绩后，于2012年再次退役，一代车神就这样告别了自己挥洒青春汗水的赛场。

汽车的城市

城市自古有之，汽车诞生的历史虽然远远不如城市，但到了今天，它的身影已经遍布全球各个角落。古老的城市为了适应这种变化，做出了种种改变。

人行道：行人走来走去

城市的道路很宽阔，但基本都是为飞驰的汽车所建设的，真正适合人们行走的道路，其实只有人行道。这里所说的人行道和斑马线不一样，它指的是用路缘石铺垫或者以护栏分隔，专门为行人走路提供的部分。值得一提的是，在人行道之间还有一条不平坦的"盲道"，那是为不方便的盲人设立的。

立交桥下没有水

为了缓解日益增加的交通压力，人们专门修建了立交桥。立交桥不是建在水面上的桥梁，它是由多条方向的道路交汇，形成上下多层，且互不干扰的桥梁道路。城市里有了立交桥，从四面八方驶来的汽车，就可以快速从桥上四通八达的道路通过。不过建造立交桥的技术含量高，且费用较多，所以，一般只在城市干道的交汇处及高速公路上架设。

从空中横过的天桥

天桥也是一种桥梁，不过和方便汽车穿行的立交桥不一样，它横亘在街道上方，两端有阶梯和地面相接，行人如果想横穿马路，可走上天桥，不受下方快速驶来的汽车影响，安全穿越马路。

藏在地下的通道

地下通道也是为了方便行人安全穿越马路而修建的，功能和横在半空的人行天桥差不多，只不过一个在半空，一个在地下。

繁忙的交通，不同的车辆

如今的城市，汽车已经大行其道。道路上，各种各样的汽车身影随处可见。人们根据它们的职能，对其进行了不同的划分。

公交车
　　城市公共交通的主要代表——公交车缓缓停在站牌前，等候已久的人们有序地排队上车，投币或者刷卡，它都可以接受。

校车
　　为了保障同学们的安全，校车将会为他们一路保驾护航。

私家车

别在意,它只是普通的私家车,人们出行的代步工具。现在,很多家庭都拥有一辆属于自己的小汽车。

警车

什么?这里发生了案情?警察叔叔接到报警电话后,驾驶警车飞快赶来,他们快要抵达目的地了!

洒水车

哗啦啦~洒水车一边向道路挥洒清水,一边"放声歌唱"。什么?你不知道它在干什么?降温、除尘、绿化……这些它样样拿手。

出租车

咦?为什么这些车长得都一样?原来它们是出租车!如果我们走累了,又不想坐公交,那么就可以挥一挥手,让出租车送我们回家啦!

施工的工地

在庞大的"汽车王国"里,有一个特殊的"工程车"家族。这个家族的成员们模样千奇百怪,所从事的工作也各不相同。不过,它们都是现代工业的结晶与人类科技文明进步的缩影。

挖掘能手

挖掘机有一条强壮的"胳膊",简直是力大无穷。清理河道、填海造地、拆除建筑等工作对它来说简直是小菜一碟,分分钟就能搞定。

压路"达人"

压路机的本领十分高强。每当我们需要压实路面时,它就会闪亮登场。压路机前面有一个类似轮子的大滚筒。这个"秘密武器"重量惊人,可以让那些原本松散的砂石颗粒紧紧抱在一起。如此一来,路面就会变得平坦又结实。

抓举"冠军"

在一些建筑工地现场或者繁忙的港口,我们时常能发现起重机的身影。它除了配备着可以灵活伸缩的巨大手臂,还有爪子一般的吊钩。如果这个"大力士"出手,即使再重的材料和货物都能轻松"抓举"起来。

翻斗，翻斗，卸货不愁！

翻斗车本身安装着液压或机械升举装置，只要司机师傅脚踩离合器，拉动转阀，后面的车厢就会在液压装置的作用下慢慢被"顶"起来。这样，车厢里面的东西就一股脑地全都被倒出去了！工作完成后，司机师傅只需操作活塞杆，车厢又会恢复原位。

旋转的"田螺"

搅拌车的身上背着一个倾斜的大滚筒，就像田螺一样。奇怪的是，这个滚筒总是"咕噜噜"地转个不停。这是因为只有如此，滚筒里面的混凝土才不会结块儿，水泥、沙子等物质才能更均匀地混合在一起。

高空作业我擅长！

高空作业车有一个折叠伸缩臂，如同一个灵活的长脖子。这个神秘装置既能旋转，又能快速升降。工人们在它的协助下，无论是安装路灯、摘取广告牌，还是维护设备、抢修电缆，都十分轻松、方便。

去哪里买车？

经济的发展和科技的进步，让汽车逐步走进了普通人的生活。现在，汽车早已成为很多人的生活必需品。随着汽车行业的繁荣和消费需求的增加，汽车销售也渐渐形成了产业链，人们的购车途径开始变得多种多样起来。

4S店

很多消费者在购车时会首选4S店。4S店中不仅有各种汽车，还有装备精良的维修和保养车间，更有专业化的服务和管理团队。4S店的历史可以追溯到20世纪80年代中后期。世界上第一家4S店由世界知名品牌福特创立，之后在90年代末这种销售模式开始传入中国。

汽贸城

除了4S店外，买车的消费者最常光顾的场所就是汽贸城。相比较而言，汽贸城所销售的汽车价格更便宜，而且是"多品牌、多车型"，消费者可以有更多选择。不过，大多数汽贸城在售后服务等方面不如4S店专业、有保障。

4S店为消费者提供四位一体的服务，4个S分别是车辆销售（Sale）、零配件（Sparepart）、售后服务（Service）、信息反馈（Survey）。

二手车市场

如果我们买卖二手车怎么办？当然是去二手车市场了！它可以满足我们有关于二手车买卖、评估、过户等各方面的需要。随着人们替换需求的增加，二手车市场的潜力变得越来越大。

网络汽车交易平台

现在是信息化时代，网络购物已是常态。而网络购车同样成为了一种新时尚。只需动动手指，我们就可以在线浏览各种汽车交易网站，下单选购自己心仪的车型，非常方便。但不可否认的是，网络汽车交易平台也存在一些问题需要解决。相信未来它会变得更加完善。

我的汽车我做主

改装汽车从来就不是赛车手的专利。很多有车一族为了凸显时尚潮流、定义自我风格，以及提高汽车的性能，都会考虑对自己的爱车进行"大改造"。从外观、内饰到动力装置，每种改造对汽车来说都是一次"新生"。不过，改装汽车最需要遵循的一项原则就是不能触犯法律。

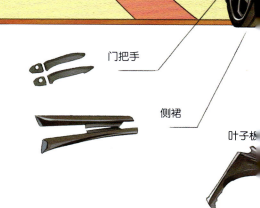

给汽车美容

为了让汽车看起来更"靓丽"，我们可以通过贴纸、彩绘、更换车灯、增加尾翼、调整轮毂等方式来给汽车"美容"。这样，汽车会拥有强烈的视觉冲击力，给人一种更炫酷的感觉，同时更能彰显车主的个性。生活中，这些改装方式最为常见，一些资深的车迷甚至对给汽车换造型乐此不疲。

内饰换新颜

因为汽车内部空间有限，所以内饰的改装工作往往会复杂一些。大到座椅、方向盘、显示屏、仪表盘，小到氛围灯、脚垫、收纳箱等各式各样的配件，都可以进行改装。车主可以根据自己的喜好确定内饰风格，调整各部分细节。

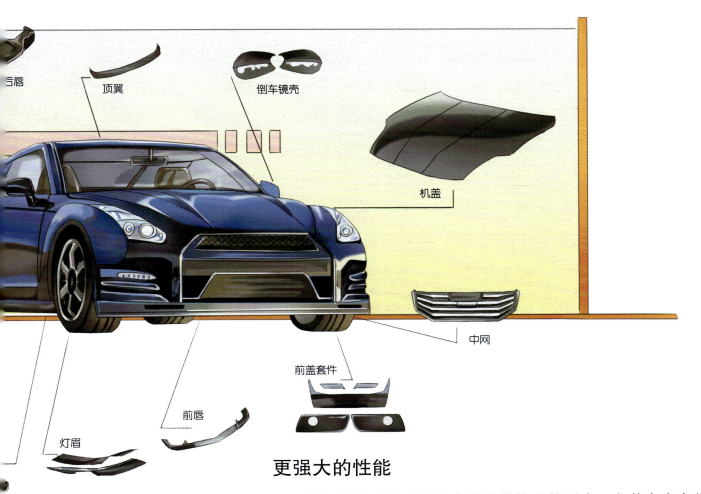

合法才能上路

尽管在很多人看来，改装汽车是一种潮流，甚至是一种艺术。可是，只有那些合法的改装车才能上路。所以，改装汽车的时候一定要注意，千万不能触碰某些"禁区"。对此，世界上很多国家都有着明确的法律规定。

《机动车登记规定》要求，改变车身颜色、更换发动机、更换车身或车架要向当地车辆管理所申请变更登记。车身喷涂、粘贴广告影响驾驶的；车牌不清晰的会被警告或罚款处理。

更强大的性能

汽车性能改装在国外有着非常悠久的历史，尤其在赛车领域，这项技术已经非常成熟了。通过给汽车安装一个强大的发动机、先进的进排气系统及空气悬挂系统等，可以让汽车拥有更强悍的动力和出色的性能。有了这些"升级装备"，我们往往能获得更刺激、更舒适的驾乘体验。

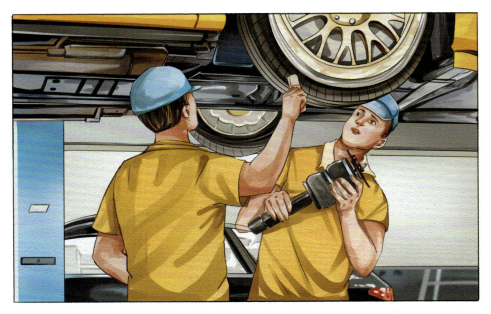

电影中的炫酷座驾

曾几何时，我们总是对电影中所出现的那些炫酷座驾念念不忘。某个瞬间，我们甚至觉得它们比电影本身更让人着迷。时光流转，岁月更迭，在人们心中，汽车与电影早已成为一对最默契的搭档。通过汽车，我们能忆起一部电影。通过电影，我们也能记起某款车。

阿斯顿·马丁DB5

相信看过007系列电影《金手指》的人，对这款车记忆犹新。它拥有经典复古的溜背造型，精致奢华的内饰和功率达284马力的超强动力。最酷的是，阿斯顿·马丁DB5浑身上下充满了"黑科技"：隐藏在雾灯之后的机枪，可以飞射而出的弹射座椅，具有防弹功能的挡板……每个设计都让人过目难忘。

雪佛兰科迈罗

在经典大片《变形金刚》里，雪佛兰科迈罗是绝对的主角。它用精彩绝伦和淋漓尽致的表演，在世界范围内征服了无数影迷。而雪佛兰汽车也凭借这部电影，树立了良好的品牌形象和口碑。

电影《蝙蝠侠》里同样出现过雪佛兰汽车，它就是由雪佛兰 Impala 改造而来的"蝙蝠战车"。

MINI COOPER

集优雅和经典气质于一身的 MINI COOPER，曾在电影《偷天换日》中担当重要"角色"。如果不是这部电影，或许你很难发现，MINI COOPER 竟然还有如此强大的一面。逃避追踪，灵活穿梭与闪躲，飞跃障碍，惊险漂移……只有我们想不到，没有它办不到的。

道奇挑战者

说起道奇挑战者的大名，可以说无人不知无人不晓。要知道，它可是《速度与激情》系列电影中的"常驻嘉宾"，经常以主角座驾的身份出现在观众面前。身为一款经典肌肉车，道奇挑战者有着霸气硬朗的线条，无可挑剔的动力性能。纯粹、狂野、彪悍，再多的形容词都不足以诠释人们对它的热爱。

除了道奇挑战者，雪佛兰 SS、野马 GT、福特 GT40 等经典肌肉车型也曾在《速度与激情》系列电影中出现过。

汽车俱乐部

汽车行业的繁荣,一方面促进了相关技术的进步,另一方面也推动了汽车文化的发展。而汽车俱乐部无疑是变成汽车文化的一个重要标识。对于一些车迷和车粉来说,汽车俱乐部既是一个交流的平台,也是他们的精神家园,意义非凡。

第一家汽车俱乐部

1895年10月,美国赛车运动员查尔斯·布雷迪·金格发表了一封倡议信,号召成立一个汽车俱乐部。这件事被刊登在《芝加哥时报》后,很快引起热议。同年11月1日,在芝加哥参加汽车比赛的约60名驾驶员响应查尔斯·布雷迪·金格的号召,成立了美国汽车联盟。这就是世界上最早的汽车俱乐部。

汽车部落

汽车俱乐部是一个不以盈利为主要目的,为普通车友提供服务的社会性兴趣组织。在汽车俱乐部里,广大车友可以切磋驾驶、修理技术,彼此交流心得体会,还可以相约一起开车出游,进行各种各样的活动。此外,遇到困难时,他们彼此也会互相帮助,互相救援。

MG 汽车俱乐部

　　MG 汽车俱乐部是世界上最大的单一品牌俱乐部，成立于 20 世纪 30 年代，距今有 90 年的历史了。期间，它不断发展、壮大，如今已在世界范围内拥有近千个俱乐部分会，俱乐部人数更是超过百万。从 1950 年开始，MG 汽车俱乐部每年 7 月都会举办为期三天的"MG 银石赛道赛事"。届时，各个年代的 MG 汽车，以及难以计数的 MG 车迷和观众，都会汇集在一起进行一次集体狂欢。

俱乐部的经营之道

　　一般来说，具有一定规模的俱乐部想要生存下去，不能缺少资金支持。不过，大部分俱乐部不会让会员们"自掏腰包"。平时，俱乐部主要依靠厂商赞助、自媒体运营等方式筹措资金。

汽车世界之最

汽车的种类真是太多了，如果细数起来，几天几夜都讲不完。不过，汽车王国里却有一些让我们大开眼界的"特款车"。它们有的以奇特身型被人们熟知，有的以价格闻名于世，还有的以速度傲视群雄……还等什么？快来看一看吧！

最大的汽车

利勃海尔t282b是汽车界的"巨无霸"。这个大家伙长约15.3米，高约7.8米，自身重量230吨。工作时，它还可以运输300多吨的矿石。

最小的汽车

第一眼看到Peel P50，相信很多人会以为这款超级迷你的三轮小汽车只是一种玩具。谁能想到，它就是"世界最小汽车"的吉尼斯纪录保持者。Peel P50长1.34米，重量只有59千克，空间十分狭小。可想而知，身材魁梧的人应该很难坐进去。

最便宜的汽车

世界上昂贵的汽车有很多,那么最便宜的汽车又是谁呢?答案就是印度推出的 TATA Nano。TATA Nano 的售价不到两万元人民币,因为受成本的限制,这款车的配置十分简单,别说空调、音响系统了,就连安全气囊和防抱死刹车都没有!

最快的汽车

目前,世界陆地速度纪录一直由"音速之风陆地极速车"保持着。它自身配备着很多火箭、飞机及航天器的高端零部件,看起来很像火箭,比一般的飞机要炫酷得多。据统计,这款"怪物车"的速度可达 3218 千米/小时,着实令人惊叹!

最长的汽车

你以为最长汽车的头衔非加长版林肯汽车莫属?NO!美国人杰奥尔伯格就倾心打造了一款可以与火车相媲美的轿车——"美国之梦"。这辆车长约 30.5 米,车身装有 26 个轮子,车上不但有卧室、厨房、酒吧,还有游泳池,实在豪华至极!

第四章
你好，汽车

组装一辆车

汽车就像一个微型工厂，只要启动，各个"车间"便会立即进入工作状态。它跑起来了，然后把我们带到了想去的地方。那么，汽车上都藏着哪些零件和系统呢？赶快来了解一下吧！

发动机：一辆车的"心脏"，为整台车提供动力。

刮水器：可以刮除汽车挡风玻璃上的雨水、灰尘。

前照灯：照亮漆黑的路。

进气格栅：帮助发动机进气、散热、通风。

前保险杠：为车身提供安全保护。

雾灯：雨天、雾天的照明神器，以便行人、车辆注意避让。

因微小而强大

在汽车家族中，有这样一群小不点儿，它们可爱、时尚又不失科技感，比起那些外表霸气的大家伙，似乎更注重低调中的奢华。因为出行方便、节省空间、非常省油，如今它们已经成了很多年轻人的"团宠"。

雷诺 Clio（法国，2019 年）

雷诺 Clio 作为高颜值小型车的代表，一直以来都深受消费者的青睐。2019 年，第五代雷诺 Clio 上市，它的造型灵动活泼，融入了多种时尚设计元素，浑身上下充满了科技感。此外，别致的内饰、过硬的品质、舒适的驾驶体验等都是它吸引大众的卖点。

大众 Polo（德国，2009 年）

从 1975 年诞生那一刻起，大众 Polo 就凭借过硬的品质和精湛的设计赢得了消费者的青睐。2009 年，第五代大众 Polo 正式与公众见面。这款车型底盘低矮，腰线平直，前脸设计感十足，而且拥有环保、高效的全新发动机。

福特嘉年华 ST（美国，2013 年）

这款车个性十足，独具动感魅力，行驶时宛若车流中的"小精灵"。作为福特嘉年华的第八代车型，它继续秉持该系列汽车的特点，用经济、实用、安全优势打动了无数的消费者。

菲亚特 500（意大利，2013 年）

菲亚特 500 具有标志性的圆形大灯、一字形进气格栅和镀铬栅条，它们与简洁流畅的车身线条巧妙搭配在一起，让整台车看上去俏皮又充满活力。这款车型配备 6 速手自一体自动变速器，搭载的是 102 马力 1.4 升的发动机。

奥迪 A1 Sportback（德国，2019 年）

奥迪向来在小型车领域有着不俗的口碑。新一代奥迪 A1 Sportback 依然保持时尚、运动的设计风格，拥有超高的颜值。而且它无论是空间、内饰，还是安全配置等各方面都有很大的提升。

等级排名 ABCD

轿车"王国"十分庞大，不同类型、品牌的"成员"，外表、性能及内部构造上都存在一定的差别。人们依据排量、轴距长短等因素，通常把汽车分为六个级别。除了微型、小型轿车，如今市面上常见的轿车还有A级紧凑型车、B级中型轿车、C级高级轿车和D级豪华车。

A级紧凑型车（轴距2.5～2.7米，排量1.4～2.0升）

紧凑型车是轿车"王国"中的"望族"，在轿车界所占的席位最多。作为一般家庭的首选，各大品牌都把A级车视为"兵家必争之地"。可想而知，这种类型的车销量自然是最好的。

大众速腾 Long-Wheelbase（德国，2019年）

全新一代速腾不但具有精致的线条、更加舒适的内饰配置，而且首次在汽车外饰的设计上采用了整体式氛围灯，这使它极富格调和品位。最重要的是，这款车搭载的是1.2T涡轮增压发动机，配备的是7DSG变速箱，油耗非常低，很适合普通消费者。

丰田新卡罗拉（日本，2016年）

作为全世界热卖的车型之一，卡罗拉早已在消费者心中树立了经济、耐用的"形象"。为了让人们获得更好的驾驶体验，新卡罗拉除了改变造型之外，还配置了手动模式的8速S-CVT无级变速器。

B级中型轿车（轴距 2.7 ~ 3.0 米，排量 1.6 ~ 2.4 升）

B级轿车是另一个品牌商竞争的重要"战场"。这种类型的车有时也被称作"商务车"，档次比A级紧凑型车稍高一些，比较适合商务人士使用，在配置和设计感上通常也更好。

大众帕萨特（德国，2018 年）

与自己的"父辈"相比，新一代帕萨特的面积更大，科技感更强，设计风格更年轻化。加上一直以来惯有的品质，这款车型上市不久，就力压群雄，坐上了B级销售冠军的宝座。

本田雅阁（日本，2018 年）

第十代本田雅阁采用的是溜背式车身，具有U字形大嘴前脸，整体造型看起来年轻富有朝气。另外，这款车在配置上也颇具亮点，尤其是 Honda SENSING 安全系统足以让它在一众车型中脱颖而出。

C级高级轿车（轴距3.0～3.1米，排量2.3～3.0升）

C级车型属于高档中大型车，平时一般是行政或公司用车。一些知名汽车品牌都有相应的经典车型，各项性能和品质都比较高端，但是价格也略高。

凯迪拉克CT6（美国，2016年）

凯迪拉克CT6一直深得消费者的喜爱。这款车型不但节能、科技感十足、融入了不少时尚元素，而且配备了10速手自一体的变速箱，有2.0和3.0两种动力选择。

奥迪A6L（德国，2019年）

新款奥迪A6L搭载的是2.0 TFSI发动机，百千米加速时间为7.5秒，最高车速甚至能达到245千米/小时。此外，一系列的娱乐、安全、辅助系统，各种配置一应俱全。

D级豪华车（轴距通常大于3.1米，排量大于3.0升）

D级车型大都十分气派，内部空间比较宽敞，配置豪华，舒适度很高。价格是普通轿车的好几倍。

保时捷 Panamera Turbo S（德国，2014年）

Turbo S延续了保时捷Panamera一贯的设计风格，整体线条圆润流畅，造型时尚大气。相比上一代车型，这款车动力性能有了很大的提升，功率可达570马力。作为保时捷的品牌中为数不多的四门轿车，它一出现便吸引了大众的目光，是豪华座驾中的佼佼者。

奔驰E级（德国，2016年）

奔驰E级可以说是豪车界的一个标杆，它外形优雅、时尚，自带沉稳气场。因为细节精致到位，动力强劲，而且驾乘舒适，往往是一些商务成功人士的首选。

家庭货车

家庭货车是汽车家族的重要组成部分，在我们的日常生活中扮演着举足轻重的角色。它既能客用，又能货用，从事着"双重职业"，为人们提供了极大的便利。

雪铁龙 Berlingo（法国，2018 年）

雪铁龙 Berlingo 素以空间大、实用性强牢牢占据着欧洲市场。全新一代雪铁龙 Berlingo 不乏盲点监测、一键启动、全景天窗等配置亮点，而且有五座和七座两版车型，能满足不同家庭的需要。要知道，它可是很多奶爸们钟爱的座驾。如果东西太多，可以把一排副驾和二排座椅放倒，腾出更多的空间。

欧宝 Combo Life（法国，2019 年）

单从外表来看，欧宝 Combo Life 身上似乎有点面包车的影子，整体设计比较简约，更注重实用性。方便进入的滑动门，高大的后舱盖……这一切好像都在向我们传达某种信息："即使东西再多我也能装得下！"

本田奥德赛（日本，2014年）

　　与其他家庭用车相比较而言，本田奥德赛更追求时尚感和独特的设计风格。尤为吸引眼球的是，这款车搭载着3.5升的V8发动机，可以让你在不到7秒的时间内把车速从0提高到100千米/小时。

比亚迪宋MAX（中国，2017年）

　　乘坐空间舒适，储物能力惊人，这是很多人驾乘比亚迪宋MAX的第一感受。事实上，混合动力及6.9秒的百公里加速度的标签，已经让它走在了家庭用车的最前沿。

汽车中的"多面手"

虽然兼具载人载物功能的 SUV 是汽车界的"晚辈",直到 20 世纪末才开始流行起来。可是,发展到现在,它们已经跻身最受欢迎汽车、销量增长最快的汽车行列了。一直以来,消费者对它们实用与狂野的气质深深着迷。

卡尔曼国王(日本,2016 年)

狂野霸气的卡尔曼国王可以说是 SUV 中的"顶级至尊"。因为这款车售价高达 1400 万元,而且全球只发售 10 台。令人吃惊的是,这个超级巨无霸配备的是 6.8 升 V10 发动机,功率足足有 400 马力。

卡尔曼国王重约 4.5 吨,若是防弹款则重 6 吨。沉重的身躯让它的时速只有 140 千米/小时。

劳斯莱斯库里南(英国,2019 年)

库里南最大的特点就是拥有帕特农神庙式的进气格栅及欢庆女神车标等特别的元素。此外,全铝车身、四轮驱动、后轮转向,都足以让你过目难忘。匆匆而过的车流中,我们总能第一眼就找到它。庄严、霸气、不惧挑战,征服一切,这就是它的"态度"。

路虎揽胜 SV Coupe（英国，2019 年）

路虎揽胜 SV Coupe 精致贵气，有些配置甚至能跟一些豪华的商务车一较高下。它搭载的 5.0 升 V8 发动机可以让它的最高时速达到 266 千米。此外，四轮全时驱动、八速自动变速箱……都是非常抢眼的亮点。

奔驰 G65（德国，2012 年）

奔驰 G65 集强动力、越野性和舒适性于一身，无论是车身结构、底盘还是整体风格，都透露着一种"硬派"气息。最特别的是，这款车型拥有前、中、后机械式差速锁，这在汽车历史中十分少见。

兰博基尼 Urus（意大利，2018 年）

兰博基尼 Urus 拥有夸张的外观设计，在操控性与驾乘体验上颇具跑车格调。305 千米/小时的超高时速，让它被认为是性能最强的 SUV 之一。

能干的劳模"汽车"

汽车界也有"劳模"？那当然！它们有的是乘客接送员，有的是货物运输员，还有的是灭火员……总之，都坚守在各自的岗位上，为人们提供服务。正是因为这些"劳模"的存在，我们的生活才会如此便利、和谐。

"大肚子"客车

客车的主要工作就是把乘客送到目的地。它们的"肚子"要比一般汽车大得多，这意味着能装下更多乘客。依据载客量的大小，我们把客车分为小型客车、中型客车和大型客车三类。

农田作业好帮手

在广阔的田野间，我们时常能发现拖拉机的身影。它们拖着各种各样的"尾巴"，和农民伯伯一起忙碌着。要知道，拖拉机擅长各种农活儿，春耕、秋收，统统不在话下。

拖拉机的前轮主要负责控制方向，而大大的后轮则着重牵引机械，拉着工具们劳动。

货物运输我在行

货车"部落"的成员很多,运输的东西也是千奇百怪。固体、液体、气体,只有你想不到,没有它们办不到。考虑到一些货物的特殊性,某些货车在车身结构及一些配置上也会略显不同。

拖拉机一机多用,"身后"可以挂深耕犁、割草机、挖坑机……

油是易燃易爆品,在运输的过程中,要格外注意防火。所以,运油车上通常配备着灭火器,油罐也是特制的。

移动的"病房"

和很多医护人员一样,救护车时刻战斗在救死扶伤的第一线。虽然外表看起来平淡无奇,可是它里面却"大有乾坤"。急救药品、担架、心电仪、除颤仪……很多东西都是医护人员挽救患者的"法宝"。

心电仪能监测患者的呼吸、心率、血压等情况,如有异常会及时发出警报。

红色救援车

一旦某个地方出现火情,消防车会第一时间抵达现场,在迅速灭火的同时展开救援。消防车上装载着很多特殊的设备,水管、氧气管等都会在危急时刻派上用场。常见的消防车主要有云梯消防车、排烟消防车、干粉消防车、泡沫消防车等几大类。

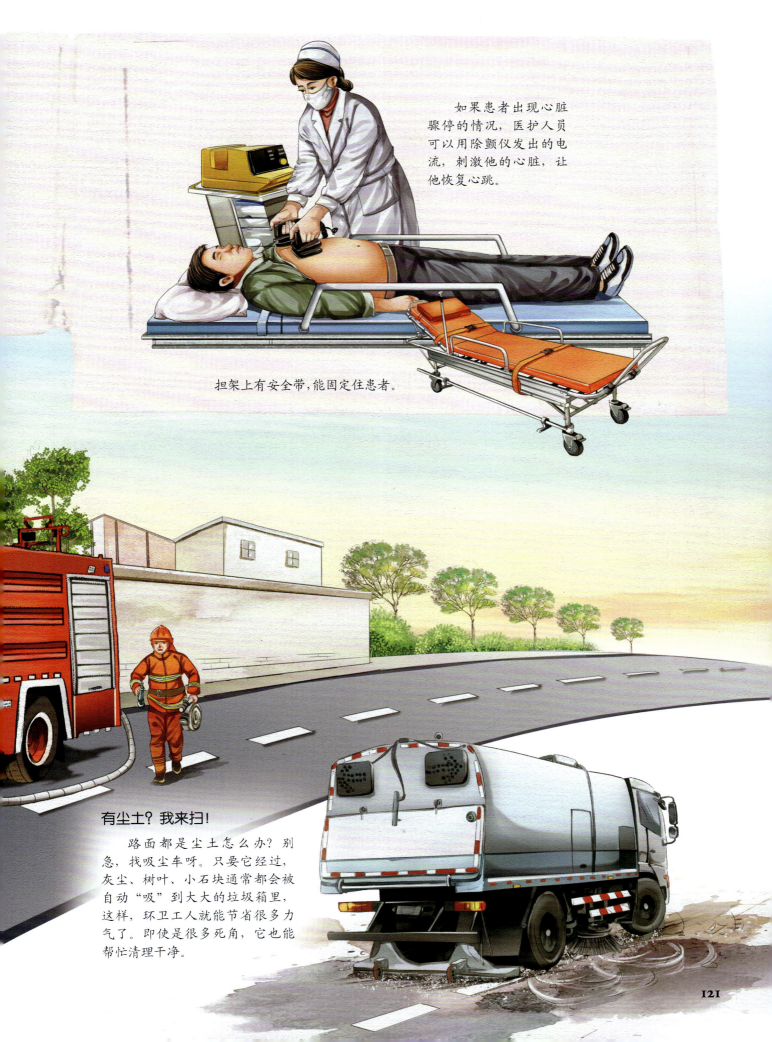

如果患者出现心脏骤停的情况，医护人员可以用除颤仪发出的电流，刺激他的心脏，让他恢复心跳。

担架上有安全带,能固定住患者。

有尘土？我来扫！

路面都是尘土怎么办？别急，找吸尘车呀。只要它经过，灰尘、树叶、小石块通常都会被自动"吸"到大大的垃圾箱里，这样，环卫工人就能节省很多力气了。即使是很多死角，它也能帮忙清理干净。

速度与激情

在汽车领域，竞赛汽车算是一种特别的存在。它们只为比赛而生，从未停止过追求速度极限，而人们对于竞赛汽车的热情也从未减少。随着科技越来越进步，赛车的模样变了又变，速度纪录也在不断刷新。谁都不知道，新的纪录会什么时候产生，或许就是在下一秒。

奥迪（Audi）R10 TDI（德国，2006年）

R10 TDI搭载的是5.5升V12双涡轮增压柴油发动机，油耗很低，赛车手不需要频繁加油。所以，在第74届勒芒耐力赛中，它力压各路强手，一举夺魁，成为勒芒耐力赛历史上第一台柴油赛车冠军。

标致（Peugeot）908 HDI FAP（德国，2008年）

908不仅拥有华丽的外表、流线型的车身，还采用了悬挂、电动助力转向及制动等一系列先进的系统。最重要的是，它配备的是一颗12缸柴油发动机。就是这些"装备"，帮助它在2009年法国勒芒耐力赛中击败奥迪，摘得桂冠。

丰田（Toyota）TF108（德国，2008 年）

与之前的赛车相比，TF108 在整体设计和性能上都有了明显提高。它曾帮助车队两次站上领奖台。可惜的是，2009 年，丰田车队还是因成绩不佳退出了 F1 比赛。

扰流板可以减少车尾升力，让汽车在高速行驶过程中变得更加稳定。

宝马（BMW）M3 GT2（德国，2008 年）

M3 GT2 配备的是自然吸气的 V8 发动机，速度能达到 290 千米/小时。此外，它还采用了一体式钢结构车身，配以无缝钢管防滚支架，就连后扰流翼都是用铝合金打造的。

F1 赛车底盘很低，这样可以降低重心，当它极速转弯时，不会翻车。

车之家

早在很久以前，人们就有"带着房子上路"的梦想。如今，房车已经把这一切变成了现实。卧室、厨房、客厅、卫生间、各种家用电器，车上应有尽有。有了它，外出旅游、度假再也不用住酒店了，因为"家"就在身边。

Signature 1200（德国，2018年）

这款房车车内设施豪华，布局优良。车上带有触控感应灶、洗碗机、LED卫星电视，以及一些先进的家用电器。最特别的是，车里还有一个"车库"，可以运载奔驰、保时捷等几款跑车，非常方便。

上汽大通V80（中国，2016年）

大通V80属于一款中型房车，它外观精细、时尚，整体线条十分流畅。车内空间设计合理，各种设施齐全，而且这款车采用的是2.5T的柴油发动机，并搭载手自一体变速箱。关键是，它的价格不是很贵，普通人也能买得起。

Furrion Elysium（美国，2018 年）

可以说 Furrion Elysium 是世界顶级房车的一个代表，车里的设计豪华得让人难以想象。3 台智能屏幕既能休闲娱乐，又能控制很多设施。车顶的按摩浴缸可以让你放松身心，忘记疲惫……这款车还有一个最大的亮点，那就是可以停放直升机。

Globecruiser 7500（奥地利，2017 年）

Globecruiser 7500 重 18 吨，车内配备着各种生活设施，车后还有一个停放摩托车的平台。比起其他房车，Globecruiser 7500 似乎有点像军用坦克，外表十分霸气。事实上，这款车具有非常出色的越野能力，被称为"戈壁滩终结者"。

智能汽车

汽车，这个人类文明进步的产物，实际上是科技发展的"缩影"。在人类社会进步的同时，汽车也进行着一次又一次变革。如今，智能科技已经走进了我们的生活，那么它给汽车都带来了什么变化呢？一起来看一下吧！

控制系统很方便

很多年以前，汽车安装的还是实体集成操作系统。人们想要进行某种操作之前，首先要按下实体按键。如今，不仅手机配备了"触控屏"，汽车的中控区也变成了一整块大屏幕。你只需要点点屏幕、做做手势或说说话，就能向汽车发出各种指令。

自动泊车不是梦

当很多人还在为停车烦恼不已时，全自动泊车技术已经来到了我们身边。到达指定位置后，你只需启动自动泊车系统，选定停车地点、调整挡位，然后下车，你的座驾就会自动进入停车位，并锁好车门。有了它，驾车新手再也不用担心停车难了！

导航伴你左右

近年来，汽车变得越来越"聪明"了！只要你选定目的地，导航系统就会全程为你服务，走哪条路最近、路上是否拥堵、附近有没有加油站……但凡我们可能想到的问题，它都能帮你解决，是不是很方便？

有盗贼？会报警！

很多汽车上都安装着一种特殊的装置。如果有人试图打砸车辆，或做出破坏汽车的行为，汽车上的传感器便会发生震动，传送危险信号。控制器接到信号，能马上发出警报。

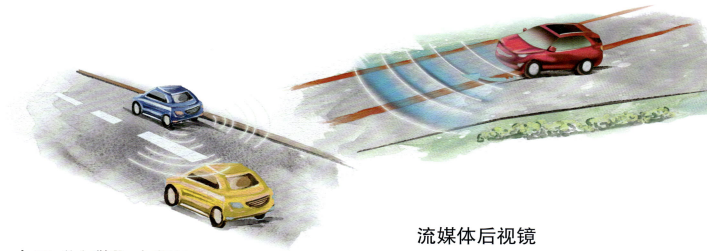

电子"交警"来帮忙

有些司机驾驶技术还不够熟练,行车时有可能偏离车道,十分危险!不过不用担心,现在很多汽车配备了车道偏离预警系统,如果出现这种情况,它会第一时间提醒你的。此外,一些汽车后方还有雷达发射装置,司机可以根据它发出的信号更精准地判断后方是否有车辆、能否变道。

流媒体后视镜

后视镜原本就是一块普普通通的玻璃,可是现在人们却脑洞大开,把它变成了视角很广的显示屏。这个显示屏既防眩光,又防雨雾,而且清晰度还高,比后视镜更好用。

智能刹车很有必要

很多智能系统是针对"小白司机"开发出来的,智能刹车系统也是如此。当系统感知到我们快速刹车时,就会自动施加最大制动力,在短时间内快速停车。否则,汽车很可能会因为刹车力度不够而酿成事故。

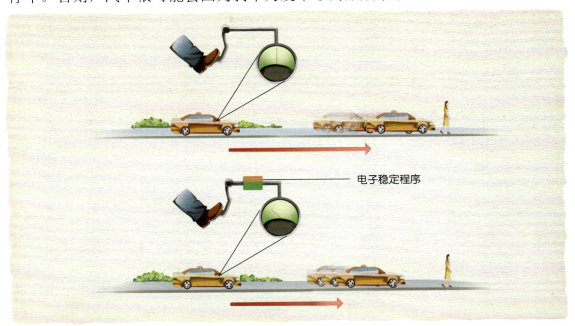

电子稳定程序

主动降噪

噪音很刺耳怎么办?主动降噪系统该上线了!首先,车内麦克风会收集一些噪音,进行"识别"处理。接着,音响系统会发出能与噪音互相抵消的音频信号,二者相遇,噪音声波就消失了。

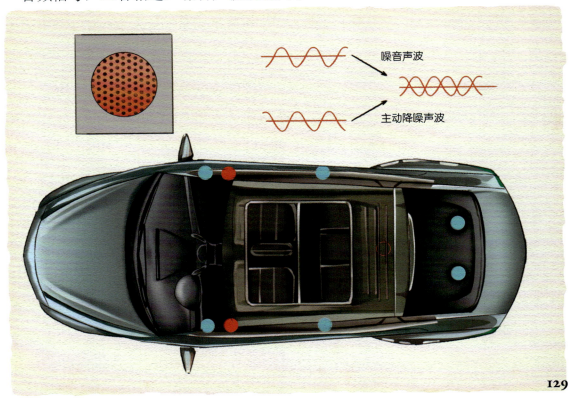

噪音声波

主动降噪声波

环保是王道

随着环境污染、气候异常及资源短缺问题越发严重，人们意识到汽车领域新一轮的变革已经到来。这次变革的主要方向，就是开发新能源。新能源汽车依靠电、太阳能等清洁能源提供动力，不会破坏环境，但因为技术有限，我们还有很长的路要走。

纯电动汽车

纯电动汽车身上装着电池，只要充好电就可以上路。不过，蓄电池能存储的电量有限，不能坚持太远。

特斯拉（Tesla）Model S（美国，2012年）

Model S 是电动汽车界的"明星"，它的最大续航里程达570千米，百千米加速只需要2秒多。这个成绩，就连很多超跑都望尘莫及。所以，它一经问世，就牢牢吸引了大众的目光。

比亚迪唐EV600（中国，2019年）

作为一直致力于打造新能源汽车的行业翘楚，比亚迪从没停下自己前进的脚步。唐EV600是比亚迪旗下的一款中型SUV，除了外形靓丽，内饰充满设计感外，它最大的特点就是搭载着高功率急速充电技术，而且综合续航能力可达500千米。

混合动力电动汽车

在新能源汽车领域,混合动力汽车是一种特殊的存在,因为它不仅仅拥有一套动力系统,常见的混合动力电动汽车就同时搭载着发动机和蓄电池。这类车不但节能环保,油耗很低,而且续航能力与一般的汽车无异。

保时捷 Cayenne S Hybrid(德国,2010年)

保时捷cayenne S Hybrid身上蕴含着超跑的强大"基因",是一款外形、性能、动力都绝佳的SUV。虽然在纯电动模式下,它的续航能力表现得不是特别抢眼,但是舒适的驾乘体验和超快速度,足以让人们对它青睐有加。

比亚迪宋DM(中国,2017年)

宋DM搭载的是1.5T发动机及两个电机组成的混合动力系统,百千米加速时间为4.9秒,动力十分强劲。而且它集各种安全配置、系统于一身,空间宽敞,操控性好,续航能力也十分出众。

燃料电池汽车

相比较而言,燃料电池汽车的技术要求、科技含量更高。它主要是通过一种化学反应,将燃料中的化学能转换成电能,从而驱动汽车前进的。目前,市面上常见的燃料电池汽车大多数是氢燃料电池汽车。这种汽车续航表现比纯电动汽车要好很多,并且还是零排放。

丰田 FCV(日本,2015 年)

丰田 FCV 具有流线型的动感车身,前脸大部分被进气口占据着,看起来夸张又前卫。尤为吸引眼球的是,它能在短短的 3 分钟之内就把氢燃料充满,并为一个普通家庭提供长达一周的日常出行服务。

奔驰 B 级 F-CELL(德国,2010 年)

这款车型是汽车龙头——奔驰公司在新能源领域的努力尝试。它的动力来源同样是氢燃料,最大功率为 130 马力,时速可达 170 千米。

太阳能电动汽车

顾名思义,太阳能电动汽车是以太阳能为动力的新能源汽车。可想而知,它们不会制造任何污染物,非常环保。不过,因为各种因素的限制,目前量产的纯太阳能电动汽车少之又少。

Lightyear One(荷兰,计划 2020 年)

Lightyear One 是知名太阳能企业 Lightyear 生产的一款纯太阳能电动汽车。它的车身由铝合金及碳纤维构成,整台车搭载着 4 个独立的电机,据称续航里程能达到 700 多千米。

太阳能汽车挑战赛

从 1987 年开始,太阳能汽车挑战赛每两年举行一次。届时,来自世界各地的参赛队伍都会带着充满黑科技的太阳能汽车齐聚澳大利亚,展开一场激烈的角逐。多年来,这项旨在推动太阳能技术发展的赛事一直深受人们喜爱。

太阳能电动汽车基本都有一个标配,那就是像蜂窝一样的太阳能电池板。

133

触手可及的未来

在人类文明的进程中，汽车如同一个缩影，紧跟时代步伐。而未来，汽车也必将经历一次又一次的演变，"进化"成令人难以想象的样子。到那时，炫酷又充满各种尖端科技的汽车，不再单单是科幻电影中的主角，因为我们已经把它变成了现实。

超越想象的外观

未来，相信汽车的外形远比我们设想得要"前卫"得多。颜色更加多样；造型变化多端，更讲究美丽、时尚与个性，看起来就像一件件艺术品；无论是乘坐还是驾驶体验，都更加舒适，让我们有"人车一体"的感觉；车灯及各种设备更具科技感，能自动隐身、变换位置……

五花八门的新材料

人类一直在孜孜不倦地研究新材料，并努力将各种新材料应用于汽车领域。未来，汽车车身将被一种新材料所代替，它应该更坚固，但是却更轻；汽车玻璃同样会"改朝换代"，即使遭遇强烈撞击，也不会碎裂；到那时，可以根据路况进行调整的智能轮胎或许将走进千家万户……总之，有关汽车的一切都会变得不一样。

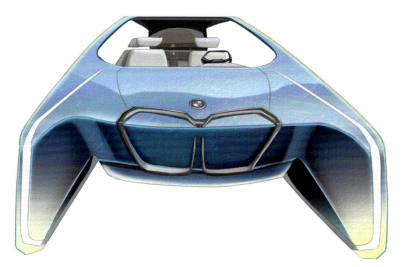

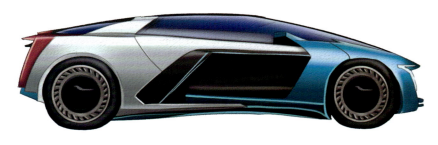

零污染的新能源

不可否认的是，汽车为地球环境带来了很大困扰。所以，新能源的开发和利用，将是未来汽车能源发展的主要方向。除了现在就已经问世并逐渐普及的电动汽车，未来，相信氢燃料汽车、太阳能汽车、乙醇汽车及更多的新能源"宠儿"，都会走进我们的生活。

科技无处不在

科技可以彻底改变人们的生活，同样，它也能对汽车进行全面的"改造"。不久的未来，马路上会跑着很多无人驾驶的汽车；汽车互联技术将更加成熟；我们能用大脑、手势等向汽车发出各种指令；电动汽车可以无线充电；必要时，汽车可以飞起来；而且汽车甚至能实现自我清洁。

第五章
欧美车系

行业开创者：戴姆勒-奔驰

戴姆勒-奔驰汽车公司是现代汽车工业的"先驱"，也是整个汽车历史中的"楷模"。过去的130多年间，它久经风雨，见证了岁月的沧桑和时代的变迁。在漫漫历史的长河中，戴姆勒-奔驰汽车公司始终屹立不倒，并创造了无数个"行业第一"。时至今日，它仍然是汽车企业中最耀眼的存在。

戴姆勒与儿子驾乘"戴姆勒一号"外出

改变世界的发明

1883年，执着于机械生产和发明的卡尔·本茨成立了奔驰公司。两年后，他发明了世界上第一辆安装发动机的三轮汽车——奔驰一号，并在1886年取得了专利。几乎在同一时间，戈特利布·戴姆勒和威廉海姆·迈巴赫成功发明出了第一辆四轮汽车——戴姆勒一号。至此，人类的交通历史开始走向新纪元。

竞争与较量

为了抢占市场，奔驰公司和戴姆勒公司自然而然地成了竞争对手。可是，汽车出现之初，人们对它似乎并没有多大的兴趣，加上当时汽车的安全性不高，售价又比较昂贵，所以销量并不是很好。奔驰公司和戴姆勒公司的处境都很艰难。

卡尔·本茨和他的女儿

奔驰早期车型

> 奔驰汽车的标志是三叉星，象征着奔驰公司征服陆、海、空的愿望。不过，这颗三叉星也经历了几次演变。

埃米尔·耶利内克与女儿梅赛德斯

抓住机遇

就在两大汽车公司为开拓市场绞尽脑汁时，戴姆勒公司迎来了一次难得的机遇。有一位财力雄厚的奥匈帝国领事埃米尔·耶利内克对汽车这个新奇的事物很感兴趣，他愿意购买30多辆戴姆勒公司的汽车，不过，条件是他要戴姆勒公司在法国、美国和奥匈帝国的独家代理权，而且戴姆勒公司以后生产的每辆汽车都必须加上他女儿——梅赛德斯的名字。戴姆勒公司同意了，最终获得了一大笔订单。

强强联合

1924年，在经济形式的影响下，奔驰和戴姆勒两大汽车公司开始从竞争对手变为"朋友"。他们在汽车设计、生产甚至是广告宣传领域逐渐展开合作。1926年，这两家知名汽车企业正式合并为"戴姆勒-奔驰汽车公司"，开始描绘汽车事业的宏伟蓝图。

1929年，梅赛德斯奔驰Nurburg 460

亲爱的梅赛德斯-奔驰

梅赛德斯-奔驰公司成立后,一直以过硬的质量和高超的制车工艺在汽车行业保持着不败的神话。数十年来,梅赛德斯-奔驰这个优雅的名字早已变成一个超级品牌,镌刻在人们的心中。而它所生产的一代又一代汽车,似乎时刻引领大众潮流,"足迹"更是遍布世界。

梅赛德斯-奔驰770K(德国,1930年)

770K在很长一段时间内,都是众多德国高官的座驾,就连希特勒也对770K钟爱有加。770K整体给人一种雍容华贵的感觉,内饰也是极尽奢华。最重要的是,它具有防弹功能,是世界上第一辆防弹轿车。

梅赛德斯-奔驰E级W120(德国,1953年)

W120拥有"浮筒状"造型,采用了承载式车体结构,是真正意义上的"三厢车"。与传统车型相比,它车内的空间更宽敞,而且车身重量也更轻。另外,W120搭载的是四缸发动机,在动力方面也具有很大的优势。

梅赛德斯-奔驰300 SL跑车(德国,1954年)

300SL创新性地采用了"鸥翼门",整体线条十分圆滑,让人过目难忘。最让人心动的一点是,它的动力非常强劲,时速可达260千米。

梅赛德斯-奔驰600(德国,1963年)

说起梅赛德斯-奔驰的全尺寸超豪华轿车,有一款车不得不提,那就是600车型。这款车型尺寸很大,外形霸气,拥有300马力,加上极具贵气奢华的气质,因此在当时深受各国政府首脑的偏爱。

1965年,英国女王伊丽莎白二世与菲利普亲王访问德国,乘坐的就是一款梅赛德斯-奔驰600(Pullman-Landaulet)。

梅赛德斯-奔驰 G-Wagen（德国，1979年）

梅赛德斯-奔驰G级车型充满野性之美，是很多人梦寐以求的座驾。1979年，第一辆G级车G-Wagen问世。虽然它的内饰比较简洁，缺乏舒适性配置，但非承载式车身、体形横梁结构及分时四驱系统等优势，却使其具备超凡的越野能力。

2016年的G65

我们从现代奔驰G级车上还能看到当年的影子。

梅赛德斯-奔驰 SLR（德国，2003年）

梅赛德斯-奔驰SLR蕴含丰富的赛车基因，一度被称赞为"公路上的F1"。620多马力的超强功率、安全性极高的碳纤维车身及纯手工打造等特点，无不彰显其"高性能汽车标杆"的水准。

它就是我奋斗的动力！

高性能，高要求

戴姆勒公司为了缔造汽车王国，从没停止过自己的脚步。它先后收购了多家实力非凡的汽车公司，其中就包括迈巴赫和 AMG。正是因为这些"新力量"，戴姆勒公司才能"全面开花"，生产、制造出不同性能、满足于不同阶层的各类型汽车，从而在风云变幻的汽车市场中立于不败之地。

迈巴赫 齐柏林 DS8（德国，1931 年）

齐柏林系列是迈巴赫汽车的传奇，它曾代表了豪华轿车的巅峰。DS8 更是齐柏林系列的翘楚。

迈巴赫 SW35（德国，1935 年）

SW35 拥有流线型的车身和圆润的前脸，将空气动力学与美学设计完美地融合在一起，是迈巴赫历史上最经典的车型之一。

迈巴赫 62（德国，2002 年）

迈巴赫 62 的配置奢华，能完全躺平的后排座椅可以让你放松身心；带有红外线发射夹层的玻璃更注重私密性保护；车载冰箱和 BOSE 环绕音箱则带给我们舒适的娱乐体验……每一项设计都非常出色。

1919 年，迈巴赫父子研制出了一款概念车，从此拉开了这个豪华汽车品牌的序幕。1960 年，因战争风雨飘摇的迈巴赫被奔驰收购。此后的多年间，它开始为奔驰服务。直到 2002 年，迈巴赫才得以复活，重回车坛。

AMG 公司成立于 1967 年，最初仅从事汽车改装业务。随着时间的推移，它渐渐吸引了奔驰公司的目光。1990 年，AMG 正式成为奔驰的一员。

迈巴赫标志由一个球面三角形和两个重叠的 M 组成。现在它多使用奔驰车标。

AMG GT 63 S（德国，2018 年）

从造型来看，此款车型的前脸采用的是传统经典的质朴式格栅，车身为流线型，车尾配备着可升降的尾翼，整体看起来动感十足。在动力方面，搭载的是 4.0T V8 双涡轮增压发动机和插电式混合动力系统。

AMG Project ONE（德国，2018 年）

作为一款顶级豪车，AMG Project ONE 的模样看起来有点像在赛场上驰骋的 F1 赛车。事实上，它急速飞驰时，速度能达到 350 千米/小时，百千米加速时间仅仅需要 2.5 秒，这个成绩足以力压很多超级跑车了。

小车和大车

汽车分很多种，不同汽车的定位各有差别，面对的消费人群也不一样。戴姆勒汽车家族十分庞大，除了我们熟知的普通轿车系列，还有像乌尼莫克、Smart这样的"特殊群体"。它们同样是风靡全球的车界"宠儿"，在各自的领域创造着不朽的传奇。

1994年，戴姆勒奔驰公司与瑞士Swatch集团"联姻"成立MCC公司，开始打造微型车。2000年，MCC公司正式归戴姆勒奔驰公司所有，改名为"Smart GmbH"。

从2000年开始，每年追求潮流的Smart粉丝们都会选择在某个地方聚会，举行一次盛大的狂欢派对，这也被称为Smart times。

2004年，Smart city改名为"Smart fortwo"。

Smart city（法国，1998年）

Smart city可爱小巧，造型别致，颜色靓丽，一上市就在全球掀起了一股时尚浪潮。它强调个性，符合年轻人的口味，而且能在拥挤的街道和车流中自由穿梭，非常实用，所以，当时被很多都市白领和年轻人列为首选车型之一。

Smart fortwo 第三代（法国，2014年）

2014年，第三代Smart fortwo正式与公众见面。它秉承Smart的传统设计理念，延续一贯的小巧造型风格，不过，在动力性能和内部空间方面都有了很大的提升。

第二次世界大战结束后，曾在戴姆勒-奔驰公司就职的艾伯特·弗里德里希怀揣梦想，经过不断努力，在1946年研制出了"Unimog"。可后来因为工厂产能不够，缺乏资金，艾伯特·弗里德里希不得不将乌尼莫克卖给戴姆勒奔驰。

smart 车标　　乌尼莫克最初的牛头车标

乌尼莫克 2010（德国，1951 年）

乌尼莫克 2010 是奔驰车厂生产的第一款乌尼莫克汽车。事实上只是换了名字的乌尼莫克。它无论车标造型、发动机，还是驱动系统和底盘，都和最初的 Unimog 一模一样。

乌尼莫克 U5000（德国，2000 年）

乌尼莫克 U5000 的越野性能有时比坦克还要强悍，几乎没有到不了的地方。它就像一个"钢铁怪物"，能碾压一切阻碍。1.2 米的涉水深度，4.8L 的直列四缸增压直喷柴油发动机，221 马力……每一个数字都能秒杀很多越野车。

乌尼莫克 405 系列 U300（德国，2011 年）

第一眼看到这款概念车，你很难不被它吸引。炫酷的构造，靓丽的色彩，加上超群的越野性能，实在让人心动。这款车是奔驰公司特地为了纪念乌尼莫克诞生 60 周年所打造的，据说灵感来自雨林精灵箭毒蛙。

汽车领军者——福特

福特从"制造人人都买得起的汽车"理念开始出发，不断超越奋进，经过一个世纪岁月的洗礼，铸就了今天风光无限的世界第三大汽车公司，成为整个汽车行业的领军者。你猜到了吗？这就是著名的百年汽车企业——福特。

福特的"领路人"

亨利·福特在汽车设计方面拥有很高的天赋，早在1896年就制成了一辆二汽缸气冷式四马力汽车。两年后，敢于追求梦想的亨利·福特成立了自己的汽车公司，不过却因为经营不善，只生产了20多辆汽车就倒闭破产。但他没有就此放弃，1903年亨利·福特再次卷土重来，与十几位投资人成立了一家新的汽车公司"福特"。

亨利·福特

影响世界的汽车流水线

福特成立公司后不久，就敏锐地意识到，只有生产符合大众需要而且大众能够消费得起的汽车，才能让企业走得更远。于是，他们及时做出战略调整，生产出了"T型车"，之后又开发了世界上第一条流水线。这项举措，不仅给福特带来了1500万辆的巨大销量，还使世界汽车工业迎来了一次新的革命。

福特T型车生产线

流水线的生产方式让汽车成了一种大众消费品，T型车开始遍布世界，而亨利·福特也被人们称赞是"为世界装上轮子的人"。

进军豪华车领域

为了开拓市场，福特在努力生产普通轿车的同时，还把目光聚焦在豪华车上。1922年，亨利·福特在儿子的敦促下，通过竞拍，以800万美金的价格收购了曾经的老对手林肯。自此林肯被纳入福特麾下，而福特开始正式跻身豪华车生产商的行列。

1927年，福特开始使用新车标。

1931年，林肯推出了它加入福特的首款新车型"Lincoln Model K"。

卡车王者

其实，福特汽车公司还是世界上最大的卡车制造商。它所生产的F系列卡车从1948年下线至今，累计销量已经超过了3000万辆，被认为是世界汽车历史上最畅销的车型之一。要知道，这个数字甚至远超大众甲壳虫及福特的经典T型车。

1948年福特生产的F-1皮卡。

多品牌大家庭

很多汽车公司在发展壮大的过程中，会扩张并购，福特当然也不例外。除了自创的福特、水星品牌外，捷豹、路虎、马自达、沃尔沃、阿斯顿·马丁都曾是福特的一员。可以说，这些品牌共同见证了福特的辉煌时刻。不过，发展到现在，福特旗下只剩下福特、林肯这两大品牌了，大部分品牌已经转手给他人。

阿斯顿·马丁加入福特后，于1999年推出的DB7VantageVolante汽车。

福特一家子

在福特的历史长河中，曾经出现过很多经典车型。它们风格鲜明，形态各异，有的甚至是流行风向标，曾一度引领时代潮流。从某种意义上来说，这些车型就是福特的高光时刻，正是它们的车辙组成了福特的辉煌历史。

2014款新一代F150皮卡

福特F150（美国，1948年）

F150是美式肌肉卡车的代表，也是很多美国人的经典记忆。从1948年诞生到现在，这个系列的卡车备受大众喜爱，销量一直牢牢占据全球皮卡销量的榜首。可以说，它是福特的骄傲。

第一代福特雷鸟Thunderbird（美国，1954年）

Thunderbird是一种造型优美的双座敞篷跑车，既有动感美，又不失豪华、舒适特性，深受大众追捧。不可思议的是，仅在预售阶段，福特就接到了3500多张雷鸟汽车的订单，可见它有多受欢迎。

福特特地为电影《太阳鸟》打造的"雷鸟一号FAB 1"概念车。

雷鸟注重品质，崇尚优雅与豪华。特别的款式、夸张大胆的设计、便利的配置，让它一上市就收获"无数粉丝"。在长达半个多世纪的时间里，雷鸟一直是美国很多热血青年的挚爱车型之一。

第一代福特野马 Mustang（美国，1964 年）

第一代野马具有典型的肌肉线条，颇具硬派魅力。它的操控性和动力性都非常出色，可以带给驾驶人无与伦比的驾驶体验。

福特野马车标

福特雷鸟车标

福特维多利亚皇冠警用拦截者（美国，1992 年）

在美国，维多利亚皇冠警用拦截者的成名可以说无人不知，无人不晓。要知道，大部分美国警用车辆都来自这个经典车型。人们在美国的大街小巷时常能发现它们的身影。不过在 2011 年，辉煌了近十年的"警用拦截者"已经彻底停产了。

第二代福特 GT（美国，2015 年）

作为能与法拉利相媲美的超级跑车，福特 GT 简直就是速度与性能的代名词。它凝结着很多福特的尖端技术，那夸张的动力学设计、640 多马力的超强功率都足以让众多跑车黯然失色。

福特 GT 是福特历史上性能最佳的车型之一。1966 年，福特 GT40 在著名的勒芒赛场上，以压倒性优势战胜了法拉利，由此走进人们的视野。后经过多年沉寂，福特生产出了 GT 车型。随着时间的推移，GT 的速度越来越快，科技感也越来越强。

总统的专车——林肯

自从加入福特之后,林肯开始焕发出新的生命力,无论汽车造型还是格调都变得越发"迷人"。慢慢地,它成了极致奢华与高端品质的象征,深受多位美国总统的青睐,被人们冠以"总统座驾"的美名。一步一步走来,林肯正像福特之子埃德塞尔·福特期许的那样,每一款汽车都成了世人难忘的经典。

林肯 K-Series V12 敞篷车(1939 年)

它是一款可定制的豪华车型,车主可以根据需要、喜好自己决定车身、车门及敞篷的样式。1939 年,林肯汽车专门为美国总统富兰克林·罗斯福打造了一辆座驾,因为他喜欢放下车篷,尽情享受阳光洒下时驾车的感觉,这辆车有了"Sunshine Special"的美名。

林肯是美国豪华汽车的开拓者——亨利·利兰在 1907 年创立的汽车品牌。1922 年,因为经济萧条及经营不善等因素,林肯公司破产并最终被福特所有。

1938 年生产的林肯 Zephyr Continental 被建筑师弗兰克·劳埃德·赖特称赞为"世界上最美丽的汽车"。

林肯大陆 74A 敞篷车(1961 年)

有一辆基于林肯大陆 74A 敞篷车改装而来的汽车特别有名,因为它同样曾经服务于美国总统,代号是 SS-100-X。美国历史上最年轻的总统约翰·肯尼迪平时就很喜欢乘这辆车接受民众的欢迎。可是 1963 年,他却在这辆车上遇刺身亡。

自从约翰·肯尼迪总统被枪杀后,美国总统变得更加注重安全保护,平时出行都避免再乘坐敞篷车了。

林肯大陆（1969 年）

1969 年，时任美国总统理查德·米尔豪斯·尼克松换了一辆全新的林肯大陆轿车当座驾。这辆车最高时速可达 205 千米，百千米加速需要 11.1 秒。而尼克松之后，新的总统杰拉尔德·鲁道夫·福特在任期间使用的也是这辆车。

1955 年之后，林肯开始使用十字星图案做车标。

林肯大陆加长版（1972 年）

詹姆斯·厄尔·卡特上任后，座驾变成了一辆加长版的林肯大陆，它不仅十分豪华，还同样做过防弹改装。但没想到，这辆车的第二个主人罗纳德·威尔逊·里根遭遇了和肯尼迪总统同样的事情。车上的坚固钢板将子弹反弹回去，却恰好击中了里根总统的肺部。不过幸好，里根总统保住了性命。

从 1983 年开始，里根总统的座驾换成了凯迪拉克，之后，林肯汽车渐渐摘下了总统专车的光环。

林肯第四代领航员（美国，2017 年）

新一代领航员的外观更富有设计感，进气格栅、悬浮式车顶及贯穿式尾灯的组合，让它看起来气场十足。此外，精致奢华的内饰、宽敞的空间、升级的驾控系统等，无不彰显着林肯 SUV 的独特风范。

大众的"大众"

　　大众是一个超级汽车集团,位居世界十大汽车公司的前列,在全世界许多国家都设有生产工厂。作为一个辉煌而又悠久的汽车品牌,大众用一如既往的卓越品质,征服了一代又一代人。时间的车轮在转动,这个由"制造平民汽车"发展而来的企业,用数不清的荣耀勾勒出了属于自己的灿烂历史。

平民汽车的设想

　　1936年,身居高位的希特勒认为,德国应该生产"廉价汽车",以满足普通大众的需要。要知道,德国人当时的汽车拥有率很低,与美国存在巨大差距。为此,希特勒特意下令生产经济型汽车,之后将汽车设计工作全权交给了著名的汽车工程师费迪南德·保时捷。

第一辆甲壳虫"KdF-Wagen"

大众诞生

　　很快,在纳粹德国政府的扶持下,大众的厂房在如今的沃尔夫斯堡建立起来。1937年5月,大众汽车公司正式成立,费迪南德·保时捷马上开始着手生产"大众"轿车。不过可惜的是,"二战"爆发,大众公司不得不为纳粹政府服务,转而生产军备。

"二战"期间大众生产的Type 82

战后新生

"二战"结束以后,大众汽车公司由英国军政府接管,开始大量生产甲壳虫汽车,供英军使用。直到1947年,大众汽车公司才重新回到德国人的手中。之后,大众汽车公司利用甲壳虫汽车"价格低廉,品质过硬"的优势,迅速崛起,逐步在德国及欧洲打开了市场,并渐渐向全球进军,最终成长为世界级汽车生产集团。

1949年款甲壳虫

1950年,大众推出了多功能车型Type 2。这款车一直以来都深受消费者欢迎。

多系列全面发展

随着时间的推移,大众汽车的业务变得越来越广泛,不但先后推出了"奥迪""帕萨特""高尔夫""桑塔纳"等系列产品,还相继收购了兰博基尼、劳斯莱斯、布加迪等豪车品牌,强有力地巩固了自己的市场地位,为后续的发展和壮大奠定了坚实的基础。

兰博基尼加入大众集团之后,于2001年推出了旗舰级跑车"Murcielago"。

大众的成员

作为大众汽车集团中的"老大哥",大众品牌自身经过努力和发展,推出了很多令人惊艳的车系。呆萌可爱的甲壳虫,小巧灵活的高尔夫,彰显品质与格调的帕萨特,兼具时尚与稳重气质的途锐……每一款都有不同的定位,所针对的消费人群也不一样。但可以确定的是,它们都深受消费者的青睐。

大众帕萨特 B1(德国,1973 年)

帕萨特 B1 是著名汽车设计大师乔治亚罗的作品,整体风格极富运动个性,但又不乏浪漫气质,时尚又前卫。作为一款现代化的家庭用车,帕萨特 B1 一进入市场,便牢牢抓住了欧洲人的眼球。

大众甲壳虫 SilverBug(德国,1981 年)

1981 年,为了纪念第 2000 万辆甲壳虫汽车在墨西哥工厂下线,大众汽车公司特别推出了"SilverBug"珍藏版车型,以回馈一直以来支持甲壳虫的粉丝。SilverBug 面世以后,世界各地的"虫粉们"无不为之疯狂。

大众高尔夫R32（德国，2002年）

R32素有"小钢炮"的美誉，曾是无数消费者心中的"神车"。霸气侧漏的造型，秒杀无数车型的超强动力，先进的四驱系统……难怪有人说它是高尔夫历史上的巅峰之作。

大众车标历经多次演变，但始终保有"V""W"两个字母。

第五代大众Polo（德国，2009年）

与自己的"前辈们"相比，第五代Polo的外形有很大的变化，看起来更具设计感。此外，它在动力性能、底盘系统、减震装置等方面都有了很大的提高，完美地将汽车的运动性和舒适性结合在一起，是汽车行业中的"小型车标杆"。

第三代大众途锐（德国，2018年）

第三代途锐是大众旗下高端SUV中的一员。它身上有很多棱角设计元素，肌肉线条十分明显，因此看起来年轻又富有朝气。而且在内部细节上，第三代途锐也是十分精致到位。

布加迪：生来冠军

有人说，布加迪不仅仅是一种汽车，更像是一个系列的奢侈品和一种艺术符号。一路走来，它既创造过很多辉煌的战绩，尊享过无上荣光，也经历过衰落和几经转手的沧桑。幸运的是，1998年，布加迪变成了大众集团的一分子，并成为其一个独立运营的汽车品牌。

布加迪汽车的创始人是埃托里·布加迪。1881年，他出生在意大利米兰的一个艺术家庭，小时候就对赛车钟爱有加，喜欢参加各种汽车比赛。23岁时，埃托里·布加迪与法国的一家汽车公司合作，开始设计生产汽车。1909年，布加迪在法国的莫尔塞姆正式创立了布加迪汽车车厂。

布加迪 Type 35（法国，1924年）

Type 35是布加迪历史上最成功的车型之一。它曾以绝对的王者姿态横扫各大赛场，为布加迪拿到了2000多个冠军，风头无二，可谓是名副其实的赛道霸主。

布加迪 Type 41 Royale（法国，1927年）

虽然已经在赛场上叱咤风云，可布加迪没有放弃民用车市场。Type 41 Royale就是证明。这款豪车的功率高达300马力，内饰和一些配置采用的都是当时非常高端的材料，相当奢华。可惜，因为价格高昂、经济危机等因素，这款车只生产了6辆。

马蹄形进气格栅一直是布加迪汽车的标志。

布加迪 EB 110（法国，1991 年）

　　EB 110 是一款为纪念布加迪创始人 Ettore 诞生 110 周年而特别命名的跑车。它搭载着一款 3.5L V12 中置发动机，百千米加速只需要 3.4 秒，动力性能极为强悍。此外，EB 110 还拥有"剪刀门"及电子升降尾翼等一系列的豪华设计。可想而知，这款顶级跑车自然成了当时豪车界的"至尊"。

椭圆形的标志一直是布加迪的"名片"。

布加迪 EB 218 概念车（法国，1999 年）

　　EB 218 是布加迪历史上第一款四门五座轿跑。它的动力强劲，各方面细节都十分精致，堪称"奢华的性能猛兽"。可惜的是，因为种种原因，这款概念车并没有实现量产。

布加迪威航 Super Sport（法国，2010 年）

　　威航 Super Sport 同样是公认的"速度之王"。它的功率足足有 1200 马力，速度甚至能达到 412 千米 / 小时，有些超乎想象。不过，这款车的售价高达 2100 多万元。

斯柯达：以人为本

斯柯达曾是世界上历史最悠久的四家汽车生产商之一，在汽车行业"资历"很深。可是它却饱含风霜，几经战乱、政变及兼并之苦，最终在1991年被大众集团收购。如今，这个拥有百年历史的"老前辈"，在大众的引领下，依然活跃在汽车市场上，展示着自己与众不同的风采。

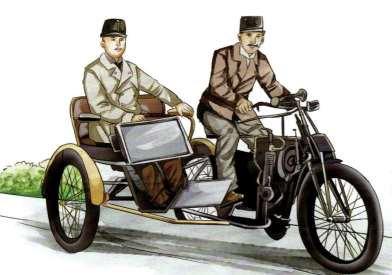

1895年，捷克人瓦茨拉夫·克莱门特与瓦茨拉夫·劳伦一起开了一家工厂，主要生产和维修自行车。这就是斯柯达的雏形。四年之后，他们开始生产摩托车。很快，这家公司又改变经营方向，在1905年转而生产汽车。让人惊喜的是，第一辆汽车Voiturette面世后，大获成功，不但在本国引起购车热潮，还出口到了欧洲、亚洲、非洲、美洲等很多国家。

Voiturette A（捷克，1905年）

Voiturette A是L&K公司（斯柯达公司前身）推出的第一款四轮车。当时能生产汽车的厂家少之又少，所以，经济实用的Voiturette A一面世，就成了抢手货，引发大众购买热潮。后来，Voiturette A还出口到了欧洲、亚洲、非洲、美洲等其他国家。

Hispano Suiza（捷克，1926年）

Hispano Suiza是早期高端豪华汽车的典型代表。这款车单是底盘价格就比一整辆劳斯莱斯的造价还高，所以说它自带"贵族血统"一点儿也不夸张。而Hispano Suiza最著名的主人是捷克的第一任总统马萨里克。

斯柯达 Felicia（捷克，1959 年）

Felicia 拥有宝石一般的颜色，整体车型虽然不大，但气质优雅迷人，宛若精雕细琢的艺术品。事实上，它是斯柯达汽车历史中最漂亮的车型之一。

从 2012 年开始，斯柯达汽车开始使用"绿意更盛"的全新车标。

斯柯达 130 RS（捷克，1975 年）

130 RS 是斯柯达汽车历史上的"传奇"，它用一个又一个战绩缔造了斯柯达的辉煌时代。

1977 年，130 RS 在蒙特卡洛拉力赛中"技压群雄"，拿到了同组别冠、亚军。1981 年，在欧洲房车锦标赛中，它再次展现出非凡实力，居然在六轮比赛中获得满分，问鼎冠军。

第三代斯柯达明锐 Octavia（捷克，2013 年）

第三代明锐是基于大众MQB平台打造出来的新型车。与之前的"哥哥们"相比，它虽然模样和气质还具有典型的斯柯达风范，但轮廓却更加舒展，看起来也更加时尚、年轻。此外，在车内空间、车身材料、油耗等方面，这款车都要进步得多。

宾利的成长之路

每一款宾利车身上都有一种"与生俱来"的贵族气质。对很多人来说,宾利就是他们毕生追求的终极梦想。哪怕只是一次乘坐,甚至是一次触摸,都能勾起他们内心对美好生活的无限向往。那么被誉为"贵族绅士"的宾利究竟有哪些让人难忘的车型呢?一起来看一下。

宾利汽车公司的创始人是华特·欧文·宾利先生。他既是一个赛车爱好者,也是一位出色的机械工程专家。1912 年,20 多岁的宾利和哥哥成立了宾利兄弟公司,着手改进、研发发动机。虽然宾利的汽车事业很快因"一战"的爆发停滞了,但 1919 年,他再次出发组建了宾利汽车公司。1931 年,宾利公司因经济危机及经营问题陷入困境,危急时刻,劳斯莱斯买下了它。1998 年,宾利被大众收购,加入大众麾下。

宾利 3.0(英国,1919 年)

宾利 3.0 就像一匹横空出世的黑马,不但接连打破了很多汽车耐力赛的记录,而且还在 1923 年的勒芒 24 小时耐力赛上拿到了第四名的好成绩。1924 年,它更是在勒芒赛上一举夺魁,傲视群雄。接下来的四年里,宾利又以三款车型连续问鼎勒芒赛的冠军,创造了一段不能被忘却的传奇。

宾利 Mark VI(英国,1946 年)

第二次世界大战结束后,宾利推出了 Mark VI 轿车。虽然这款豪华车的售价不便宜,可是却凭借大方优雅的全钢车身、独树一帜的创新设计以及出色的动力性能赢得了消费者的青睐,进而发展成宾利历史上最畅销的车型。

宾利 R-TYPE（英国，1952 年）

R-TYPE 是宾利历史上首款采用流线型车身的车型，那修长低矮的线条，完美勾勒出了旅行座驾的美感。因为搭载着 4.6L 直六发动机，这款车的速度也毫不逊色，最高时速可达 163 千米。要知道，当时它可是公认的"最快的四座汽车"。

宾利的车标是以公司名首字母"B"为主体，两侧有一对翅膀，看起来就像翱翔的雄鹰一般。

宾利 State Limousine（英国，2002 年）

这是宾利历时两年专门为庆祝英国女王登基 50 周年而打造的"御用车"。除了标志性的对开式车门、防弹车身及全玻璃式的车顶外，它内部的座椅等配置都是特别设计的，奢华、精细程度可见一斑。

宾利添越 Bentayga（英国，2015 年）

添越对于宾利品牌来说，具有里程碑式的意义。它是宾利首款 SUV，可以说为宾利开创了历史。因为秉持一贯的"奢华设计"风格，添越保有很多经典的宾利元素，而且还拥有比以往车型更强劲的动力。这使得它成为全球最昂贵的 SUV 之一。

奥迪的史书

众所周知，奥迪汽车的威名享誉国际，在中国国内，它更是最畅销的汽车品牌之一。从诞生到现在，奥迪已经走过了100多个春秋。在这个过程中，它既有过风头无两的闪耀时刻，也曾饱受战火洗礼，跌落谷底。但正是这一段段辉煌而又曲折的百年历史，铸就了今天独一无二的奥迪。

1909年，汽车工程师奥古斯特·霍希离开了自己亲手建立的工厂，另立门户创建了"奥迪"公司。很快，第一辆奥迪汽车诞生。之后，奥迪飞速发展，不但在一些重要赛事上屡屡夺冠，而且公司还研究出了方向盘左置等先进技术，一时间名声大噪。

奥迪920（德国，1938年）

奥迪920不但发动机的性能非常优越，而且无论造型还是内饰都十分时尚。当时，人们很快被小巧但动力强劲的奥迪920圈粉，纷纷争相抢购。

奥迪100（德国，1968年）

奥迪100是A6车型的前身，它的出现，标志着奥迪汽车正式开始涉足中高档轿车市场。这款车面世以后大受欢迎，销量一路飙升，为此后奥迪品牌的发展奠定了坚实的基础。

Quattro凭借卓越的性能，在多次比赛中拔得头筹，曾先后获得汽车锦标赛、拉力赛等赛事的冠军。

1964年，奥迪汽车开始使用象征"汽车联盟"的四环徽标，一直沿用至今。

奥迪夸特罗（Quattro）（德国，1980年）

Quattro的棱角分明，看起来比较硬派。事实上，它的内在配置更加彪悍，配备着强大的四轮驱动系统，这意味着，Quattro可以轻松转弯，是一款相当理想的拉力赛车。

奥迪A8（德国，1994年）

尽管奥迪A8是基于V8车型改款而来的，但它自身却不乏亮点。A8首次采用全铝车身框架，这标志着奥迪汽车从此进入了全新的时代。也是从A8开始，奥迪车系有了新的命名方式。

奥迪Q7（德国，2005年）

作为奥迪历史上第一款SUV，Q7以精细奢华的设计和先进的技术应用赢得了无数赞誉。尤其是它的安全性能，更是备受消费者及权威媒体的肯定。所以，当年Q7是风靡一时的"车宠"！

2006—2008年，奥迪倾力打造的柴油汽车R10 TDI表现抢眼，多次赢得勒芒赛事冠军。

兰博基尼：斗牛般强悍

在很多人心中，兰博基尼就像一头桀骜不驯的斗牛，激情狂野，追求极限速度。更重要的是，兰博基尼如一款精雕细琢的奢华艺术品。只要它一出场，无数豪车都会黯然失色。

1949 年，颇具商业头脑的费鲁吉欧·兰博基尼成立了"兰博基尼公司"，主要生产拖拉机和加热设备。当时，费鲁吉欧·兰博基尼对跑车情有独钟，购买了好几辆不同品牌的超跑。据说，有一辆法拉利不知怎么突然出现了故障，费鲁吉欧·兰博基尼专门去相关部门投诉，可是对方却讥讽他作为一个生产农业机械的人根本不配驾驶法拉利。兰博基尼一怒之下便决定生产跑车，要与法拉利一决高下。

兰博基尼 Miura P400（意大利，1966 年）

Miura P400 首次采用中置发动机的布局方式，这种特别的设计当时让它备受瞩目。Miura P400 的动力性能非常强悍，最高速度甚至可以达到 280 千米 / 小时。这个成绩，一般的汽车难以企及。

兰博基尼 Countach（意大利，1974 年）

造型极具视觉冲击力的 Countach 曾被誉为"外星车"。它那标志性的剪刀式车门、"楔形"车身，以及特别的棱角和线条，无不透露着一种摄人心魄的野性美。在停产之前，它一直雄踞超跑热卖榜单的霸主位置。

据称，Countach 曾与法国幻影轰炸机进行过一次世纪对决，结果，它仅以 1.9 秒的微弱差距惜败。这足以说明它有多快。

兰博基尼 LM002（意大利，1986 年）

LM002 是兰博基尼历史上第一款量产越野车。他拥有近乎完美的越野能力和机械性能，这足以帮助它应对沙漠等各种恶劣环境。

兰博基尼汽车的车标是一个准备发起猛烈攻击的牛，寓意始终勇猛向前，不屈不挠。

兰博基尼 Reventon（意大利，2007 年）

Reventon 拥有战机一样的炫酷造型，集各种先进设计于一身。它搭载着 6.5L V12 发动机，功率高达 670 马力，要多凶悍就有多凶悍。这款限量跑车售价高达 1000 多万元，是兰博基尼最昂贵的车型之一。

哇哦，这车简直是我的终极梦想。

兰博基尼 Huracán Coupe（意大利，2014 年）

Huracán Coupe 秉持兰博基尼的一贯设计风格，外观极具视觉冲击力，野性十足。这款车最高速度可达 325 千米/小时，百千米加速只需要 3.2 秒，同样以快称雄车坛。

保时捷：骏马奔驰

保时捷和大众有很深的渊源，从某种意义上来说，它们都出自一位传奇的汽车工程师之手，是同宗同源的"一父之胞"。正式加入大众之后，保时捷充分发挥自己的优势，为大众集团努力添砖加瓦，创造了许多不可比拟的行业神话。

保时捷的创始人是费迪南德·保时捷，他不但开创了保时捷的历史，还亲自操刀主持设计了大众公司的"鼻祖"——甲壳虫汽车。

保时捷 356（德国，1948 年）

356 是保时捷品牌创立之后推出的首款车型，被称为"开山之作"，具有里程碑式的意义。它拥有绝佳的性能，在空气动力学的处理上也十分出色，所以很快成了人们关注的焦点。直到 1956 年，保时捷 356 才宣布停产，那时这款车已经生产了 77300 多辆。

保时捷 911（德国，1963 年）

保时捷 911 其实是保时捷 356 的"接班人"。不同的是，它搭载的是 2.0 升 6 缸发动机及 5 速手动变速箱，采取的是 2+2 的座椅布局，动力性和舒适性都比保时捷 356 提高不少。凭借这款车型，保时捷品牌开始逐步占领跑车市场。

保时捷 911 最初叫 901，但因标致汽车公司已经把中间带 0 的数字都注册过了，最后保时捷 901 只能改名为 911。

保时捷 928（德国，1977 年）

928 是保时捷品牌第一款搭载前置 V8 发动机的量产车型，动力更强，舒适程度更高。但因为价格高昂，它的销量有些一般。

保时捷车标上除了有一匹腾跃而起的黑马及公司所在地的名字，还有德国国旗、厂徽等元素。它整体看起来就像一块无坚不摧的盾牌。

保时捷 959（德国，1986 年）

若说起保时捷最经典的车型，那么保时捷 959 绝对榜上有名。它配备了动力出众的引擎，以及当时看来十分先进的四驱系统，因此，各项性能都非常强悍。就连比尔·盖茨等名人都深深为它着迷。

第三代保时捷 Cayenne（德国，2017 年）

与之前的"哥哥们"相比，第三代保时捷 Cayenne 在车身尺寸、进气格栅及车灯等方面有了明显变化，融合了全新的设计元素。此外，无论是科技应用，还是动力性能方面，它同样有很大的进步。所以这款中大型豪华 SUV 一登场，就成了很多人心中的"Dream Car"。

逆风收购

2005 年左右，拥有超凡实力的保时捷为了扩大"版图"，全力收购大众的股份。本以为经历种种波折，保时捷成功指日可待，没想到经济危机到来了。保时捷的业绩下滑得厉害，无法继续完成收购计划。2009 年，保时捷提出，想要与大众合并，但没想到，大众此时掌握着主导权。最终，双方经过一系列的复杂谈判，大众分两次收购保时捷股权，成功将保时捷收入囊中。

大车风范

作为汽车界的"王者至尊",大众集团旗下有十几个子品牌。这些品牌中除了我们熟知的奢华典雅的超跑、品质过硬的轿车,还有一些霸气十足的卡车、货车、巴士等。这些成员同样是大众重要的"代言人",扮演着举足轻重的角色。

斯堪尼亚

斯堪尼亚拥有100多年的悠久历史,技术十分先进,它所生产的巴士、重卡远销全世界,是世界顶级商用汽车制造商之一。早在2000年,大众就开始着手对斯堪尼亚进行收购,2014年,它的收购计划基本完成。

早在20世纪初,斯堪尼亚就制造出了第一辆卡车。

斯堪尼亚 G480 6X2(瑞典,2015年)

斯堪尼亚 G480 6X2外观时尚大气,犹如一个肌肉感满满的"钢铁侠"。它是一款高效的长途牵引车,具有操控性强、安全性高、舒适性好的特点。

斯堪尼亚 Touring(瑞典,2009年)

斯堪尼亚巴士在汽车行业十分有名,世界上有许多国家从斯堪尼亚订购巴士底盘、长途观光巴士及城际巴士。这款车是斯堪尼亚与中国苏州金龙公司共同打造的一款客车,在国内外市场深受欢迎。

德国曼

德国曼是大众"商业卡车帝国"的另一支中坚力量。平时，它的业务涉及卡车、客车、柴油发动机及透平机械等多个领域，要知道，这每一项业务水平在全球都是"拔尖"的。

德国曼TGX（德国，2007年）

TGX是很多长距离国际运输公司的首选。它搭载的是D2676发动机，可以提供540马力的超强动力。

太脱拉

太脱拉重卡有多彪悍？它们搭载着10缸或12缸的风冷发动机，匹配着十速卧式变速箱，而且低速扭矩也十分厉害。坦克爬不了的坡，它们能！高山、沟坎难过，它们能！所以，许多硬派越野车在"世界越野车之王"面前，只有被秒杀的份儿。

1956年，太脱拉推出了历史上赫赫有名的T603汽车。

太脱拉凤凰（PHOENIX）限量版（捷克，2017年）

这是一款太脱拉为纪念汽车下线120周年特别打造的限量卡车。可以说无论"颜值"还是"性能"，在卡车界都是出类拔萃的。

通用之浮沉

在世界汽车领域，有一个响当当的名字——通用。从公司建立到今天，它足足有110多年的历史了。这期间，通用一步一个脚印，用超强的实力开创出了属于自己的辉煌时代。如今，它早已成长为一个"汽车巨人"，旗下品牌所生产的汽车畅销120多个国家和地区。

通用伊始

1904年，美国马车制造商威廉姆·C.杜兰特抓住机会，买下了别克汽车公司。因为后期宣传得当，别克汽车公司发展得顺风顺水，拿到不少订单，迅速成为全美最大的汽车制造商。1908年9月16日，杜兰特以别克汽车公司为基础，成立了规模更大的通用汽车公司。后来，通用把凯迪拉克、奥兹莫比尔、奥克兰等知名的汽车公司纳入到了自己的麾下。

威廉姆·C.杜兰特执掌别克公司以后，在1907年隆重推出了第一款四缸车型——D型车。别克因此接到了大量订单，实力大增。

被通用收购以后，凯迪拉克推出了Cadillac Model 30车型。

磨难中成长

难以预料的是，通用极速扩张"版图"带来了一系列的问题，加上当时福特"T型车"十分畅销，通用的汽车销量急转直下，通用开始出现财务危机。不过，好在银行贷款救了它。可不久，重新执掌公司的杜兰特因为一些失误，再次让通用陷入了"泥潭"。危急时刻，阿尔弗雷德·斯隆上任，提出了"不同品牌，应生产不同档次汽车"的理念，这才帮助通用迎来新生。

发展与壮大

随着时间的推移,不断有新的汽车公司加入通用的"队伍"当中。通用逐渐成长为一个世界型的汽车公司。尽管接下来的时间里,全球经济形势复杂多变,但通用汽车砥砺前行,历经一次又一次的技术变革,用很多里程碑式的经典设计,征服了人们,为自身的发展和壮大奠定了坚实的基础。

豪华轿车的典范凯迪拉克 EL Dorado(1953年)

破产重组

2008年,在通用汽车诞生百年之际,原本就十分低迷的美国汽车行业遭遇了严冬。通用汽车在这个大环境的影响下,又一次面临生死抉择。最终,它不得不于2009年宣布进行破产重组,只留下凯迪拉克、雪佛兰、别克和GMC四个品牌。但从那以后,"轻装上路"的通用开始焕发出新的活力,连续几年汽车销量都是遥遥领先。

1974年,通用成为第一个"吃螃蟹"的汽车公司,率先在第二代Oldsmobile Toronado汽车上安装了安全气囊。

雪佛兰：不断创新

作为通用汽车公司旗下最受欢迎的汽车品牌之一，雪佛兰在很多人心中有着不可撼动的"神圣"地位。百年来，它一直坚持不懈地革新技术，不断创新设计，只为突破自己，追求更长远的成功。顺着那些汽车的足迹，我们就能找到属于雪佛兰品牌的灿烂文化和厚重历史。

1908年，酷爱赛车、精通车辆设计的路易斯·雪佛兰结识了威廉姆·C.杜兰特。两人一拍即合于1911年成立了雪佛兰汽车公司，并很快发布了五座车型——Classic Six。

雪佛兰克尔维特（美国，1953年）

克尔维特拥有超强的动力，酷炫的外观及十分出色的性能，是美国跑车历史上最成功的车型之一。虽然第一代克尔维特只生产了300台，但至今它已经推出了六代车型。

雪佛兰迈锐宝SS（美国，1964年）

为了抢占中级车市场，1964年，雪佛兰推出的迈锐宝SS车型正式与公众见面。这是一款兼具美感与实用性的汽车，搭载的是5.4L V8发动机，功率可达300马力。历经八代改良与发展，如今迈锐宝的市场销售成绩依然十分抢眼。

雪佛兰的车标犹如一款金色的蝴蝶领结，寓意雪佛兰汽车大方、优雅、气派的不凡格调。

雪佛兰科迈罗（美国，1966年）

第一代科迈罗具有整体式的车身结构和前独立悬架配置，并且采用独立副车架支撑发动机，由计算机辅助调校悬挂系统，设计十分"前卫"。最特别的是，这款车型发布时，采取的是多城市同步直播的方式，要知道，当时这在世界上还是首创。

雪佛兰开拓者 K5 Blazer（美国，1969年）

K5 Blazer 是世界上首款搭载四轮驱动技术的 SUV 车型。这款车不但动力强劲，越野性能突出，可以尽情在各种荒漠上驰骋，而且空间很大，乘坐十分舒适。所以它一出现，就在短时间内登上了北美 SUV 畅销榜。

雪佛兰科鲁兹（美国，2008年）

科鲁兹是雪佛兰实施全球化战略推出的首款车型。为了扩大市场，雪佛兰果断将科鲁兹投入到各大汽车赛事中。事实证明，这项举措迅速帮科鲁兹树立了良好的形象和口碑。

成熟汽车的典范——别克

作为最具美国精神的汽车品牌,别克给人一种成熟内敛的感觉。或许正是被这种高雅气质所吸引,很多人才会成为它的"铁杆粉丝"。一个多世纪以来,别克始终不忘初心,敢于突破,在汽车史册上镌刻下了无数的"经典"。

别克汽车的创始人是大卫·邓巴·别克。20世纪80年代末,他最先成立了别克自动化动力公司,主要生产发动机。后来,这家公司几经波折,于1903年重组为别克汽车公司,转手给詹姆斯·怀汀,开始生产汽车。1904年,它又转让到了威廉姆·C.杜兰特的手上。

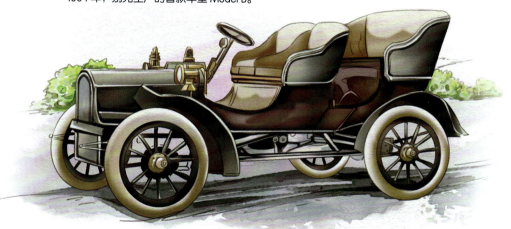

1904年,别克生产的首款车型 Model B。

别克是最早进入中国的汽车品牌之一。

别克 Century(美国,1936年)

Century 是别克早期最具代表性的车型之一。它当时搭载的是直列8缸发动机,重量足足有2.7吨。这款车外表大气沉稳,低调又不失奢华,很受政界人士和商界名流的青睐。

别克 Roadmaster Riviera（美国，1949 年）

Roadmaster Riviera 的车身很有飞机机身的既视感。那从挡泥板延伸到车门的腰线，时尚大胆，让人耳目一新。它搭载的是 5.2L 直列 8 缸发动机，并匹配着四轮液压制动系统和自动变速器。上市第一年，这款车的销量就十分可观。

Roadmaster Riviera 是别克品牌首款硬顶敞篷跑车。

别克汽车的车标看起来像三个盾牌，它象征着积极进取、不断攀登、超越的勇敢精神。

别克 Riviera（美国，1963 年）

Riviera 的设计风格与别克之前的"父辈们"有很大不同。它具有雕塑感极强的艺术线条、低矮的车身及绝佳的性能，被誉为"当时最美丽的美国汽车"。

别克 Park Avenue（美国，1990 年）

Park Avenue 是别克豪华汽车中的典型代表。它具有流畅的三厢造型，比较顺应时代潮流，符合现代审美观念。

别克昂科雷 Enclave（美国，2007 年）

市场上大多数 SUV 看起来比较硬朗、霸气十足，而别克却另辟蹊径，于 2007 年推出了典雅、大气又柔美的昂科雷。

豪车的代表——凯迪拉克

在隽永的汽车历史长河中,凯迪拉克用创新性的设计、极致奢华的格调留下了无数闪亮的足迹。每一款凯迪拉克,都是蕴含时代变迁故事的经典。作为最具代表性的高端汽车品牌,它一直在追求自我突破,努力续写"凯迪拉克风范",为豪华车"代言"。

1890年,机械师出身的亨利·利兰创建了一家生产汽车零部件的公司。可这家公司很快因资金等问题倒闭了。1902年,胆识过人的亨利·利兰又创建了新的公司——凯迪拉克。

凯迪拉克 Victoria Coupe(美国,1918年)

Victoria Coupe 整体造型看起来非常优美,尤其是尾部的弧度设计很特别。它当时搭载了先进的 Delco 电子系统,有 70 马力,是世界上第一款量产的配备 V8 发动机的车型。

凯迪拉克 V16 Sport Phaeton(美国,1931年)

V16 Sport Phaeton 创造性地搭载了 16 缸发动机,这使它成为当时世界上马力最大的汽车之一。这款车一推出,立即受到有钱人的追捧。

美国流行巨星"猫王"一生之中曾拥有 100 多辆凯迪拉克,其中就包括一辆粉色的"萌宠"。

凯迪拉克 le mans（美国，1953 年）

le mans 属于革命性的"创新作品"，对后世汽车的设计发展具有深远的影响。它的流线身形及记忆座椅功能等，在当时都是非常前卫、新潮的设计。

凯迪拉克这个名字是为了纪念 18 世纪法国底特律城的创建者安东尼·门斯·凯迪拉克而取的。而凯迪拉克的车标设计灵感则是来自于凯迪拉克先生使用过的徽章。

凯迪拉克 Eldorado（美国，1967 年）

从这款车开始，凯迪拉克逐渐告别了原有夸张、大胆的设计风格，变得更加注重技术应用。Eldorado 不但首次采用了前轮驱动，而且还安装了立体收音机、加热座椅、冷暖空调等一系列的配套设施。

凯迪拉克 Allante（美国，1987 年）

Allante 双座敞篷车是凯迪拉克的一款旗舰车型，无论在品质还是细节上，几乎无懈可击。它的出现，改变了欧洲汽车长期主导美国豪华轿车领域的格局，从此，凯迪拉克开始成为豪华车的象征。

凯迪拉克 ATS（美国，2012 年）

作为一款紧凑运动型轿车，ATS 用出色的驱动平台、完美的动力表现及低油耗等特性成功跻身世界豪车的前列，是凯迪拉克家族中的标志性车型之一。

欧宝：欧洲的宝车

从缝纫机到自行车，再从自行车到汽车，欧宝自成立至今，已有100多年的悠久历史了。期间，它遭遇过两次致命的大火，也曾饱受世界大战的考验，但都顽强地生存了下来。现在，欧宝依旧保持旺盛的生命力，演绎着属于自己的传奇故事。

1863年，Adam Opel创建了欧宝公司，最初主要生产自行车和缝纫机。20世纪80年代末，阿德姆·奥贝尔的儿子们决定涉足汽车制造业，从而拉开了欧宝生产汽车的序幕。

欧宝 System Lutzmann（德国，1899年）

System Lutzmann是欧宝的第一款汽车。虽然当时System Lutzmann配备的是单缸引擎，只有3.5马力，可它却是世界上最早的四轮汽车之一。

欧宝 Laubfrosch（德国，1924年）

Laubfrosch为一款双座跑车，搭载8缸引擎，拥有干式多片离合器及四轮油压刹车等多种先进配置。出色的性能加上流线型的车尾设计等时尚元素，让它十分畅销。

欧宝 Captain（德国，1939年）

Captain是一款专门供政府人士使用的豪华轿车。车身由全钢打造，车内安装着中央时速表、暖气空调、电扇等设施。在动力方面，Captain配以2.5L 6缸引擎。

欧宝 GT（德国，1968 年）

GT 看起来小巧精致，整体造型十分漂亮。最重要的是，这款车百千米加速只需要 10.8 秒，并且拥有 185 千米/小时最高速度。所以，当时它一上市，很快便风靡美国。

欧宝汽车的车标图案像一道划破长空的闪电，这一方面预示欧宝汽车拥有风驰电掣般的速度，另一方面则突出了欧宝在空气动力学方面所取得的一系列成就。

欧宝 Calibra（德国，1989 年）

Calibra 的造型似乎没有什么过人之处，不过它的超低风阻却非一般车型可比。要知道，Calibra 早期搭载的发动机只有 116 马力，可是它当时却能创造出 200 千米/小时的速度纪录。

欧宝 Adam（德国，2014 年）

Adam 的"个头儿"和大名鼎鼎的 Smart 差不多，前脸造型也十分俏皮可爱。这款外形别致、低碳环保的小型车一上市就引发了无数关注。

这么经典的车型，必须拍照发朋友圈啊！

179

豪车家族菲亚特

在长达一个多世纪的时间里,菲亚特一直占据着"欧洲最大汽车制造商"的宝座。它是意大利的神话,也是整个汽车行业璀璨的明珠。虽历经了百年风雨,可菲亚特并未老去,风采依旧。

"工业王国"诞生

1899年,时任意大利维拉尔帕洛沙市市长的乔瓦尼·阿涅利,联合一些贵族和企业家共同建立了都灵汽车制造厂。1900年,工厂正式落成,不过当时工厂规模不大,工人也只有150名,主要生产、制造微型车。

菲亚特的首款车型FIAT 3 1/2 HP,看起来有点儿像马车。

1902年,驾驶菲亚特24 HP Corsa参加比赛的Vincenzo Lancia(蓝旗亚创始人)。

壮大扩张

为了扩大知名度,从而增加销量,菲亚特开始打造赛车去参加各种比赛。这个方法十分奏效,菲亚特品牌渐渐被越来越多的人知晓。短短几年间,菲亚特汽车不但在欧洲十分畅销,而且还出口到了美国。到1910年,它已经成长为意大利最大的汽车公司了。

菲亚特公司1908年生产的1 FIACRE车,在当时的纽约、巴黎、伦敦的街头随处可见。

疯狂收购

20世纪60年代末,实力非凡的菲亚特开启了"收购模式",接连将蓝旗亚、法拉利这样的大品牌"收入囊中"。之后,它又成功拥有了阿尔法·罗密欧和玛莎拉蒂。因为这些新鲜血液的注入,菲亚特的影响力变得越来越大,于是迎来了最辉煌、鼎盛的时期。

法拉利212E赢得了1969年欧洲山地锦标赛的冠军。

1969年以后,法拉利虽然归菲亚特所有,但仍可以继续参加各类汽车比赛。

合二为一

2007年,美国爆发金融危机,多家汽车品牌风雨飘摇,濒临破产,其中就包括曾经风光无限的老牌车企克莱斯勒。充满野心的菲亚特见此,马上开展并购计划,收购了克莱斯勒的控制权。2014年,经过长时间的磋商,双方正式合二为一,成为世界第七大汽车集团"菲亚特·克莱斯勒"。

从2014款菲亚特致悦Ottimo的内饰中,我们能感觉到浓郁的克莱斯勒气息。

多样的车型

纵观菲亚特汽车公司的百年历史，菲亚特品牌无疑是它前行路上的最大"功臣"。为了满足不同消费者的需求，多年来，菲亚特品牌推出了各种车型。它们的"个头儿"有大有小，模样或霸气或精致，但值得注意的是，每一款都是很多人心中永恒的经典。

菲亚特 500 Topolino（意大利，1936 年）

这款车价格低廉又很实用，能实现很多人的"汽车梦"，所以一面世便迅速"占领"了市场。尽管当时它的最大功率只有 13 马力，最高速度才 85 千米/小时，可依旧是人们心中购车的不二之选。

1955 年，菲亚特 600 上市。它以亲民的价格和良好的燃油经济性为菲亚特赢得了口碑。

您放心，我们的车绝对靠谱。

菲亚特 124 Sport Spider（意大利，1966 年）

124 Sport Spider 是著名设计师宾尼法利纳的作品。流畅的车身结构，优雅迷人的"气质"，让它在众多汽车中脱颖而出，一跃成为当时在意大利乃至很多国家最受欢迎的车型之一。

菲亚特 Panda（意大利，1980 年）

Panda 是菲亚特品牌很有代表性的一款经济车，小巧又实用。别看它身上似乎没什么奢华的气质，可受欢迎程度却丝毫不比那些顶级豪车差。要知道，第一代 Panda 的销量就达到了 450 万台。

菲亚特车标上的字母来源于意大利都灵汽车厂意文名字的首字母。

菲亚特 Palio（意大利，1996 年）

Palio 外观时尚，很"年轻化"，最重要的是可以"一车多用"。特别的座位设计能满足消费者的不同需求，居家旅行，外出办公，驾乘起来十分方便。

菲亚特 500 L（意大利，2012 年）

菲亚特 500L 的整体风格与菲亚特 500 十分类似，造型同样时尚、富有朝气。不过，它的车身却比菲亚特 500 宽得多，符合多用途汽车（MVP）的特质，比较实用。

赫赫有名的蓝旗亚

论资历，蓝旗亚不及福特、大众这样的"老前辈"，论吸引力，比法拉利、兰博基尼这样的大品牌略逊一筹。但不走寻常路的蓝旗亚却创造了辉煌的历史，拥有无数闪耀时刻。蓝旗亚不向往浮华，也不喜欢随波逐流，唯有性能与品味才是它一直以来的执着追求。

1906 年，年仅 25 岁的文森佐·蓝旗亚在意大利都灵创建了"蓝旗亚"公司。

开上我心爱的蓝旗亚~

蓝旗亚 Alpha（意大利，1907 年）

蓝旗亚公司成立后不久，就推出了首款车型"Alpha"。它性能出众，而且外观很有个性。文森佐·蓝旗亚曾驾驶着 Alpha 多次在车赛中获胜，这为蓝旗亚品牌赢得了极高的声誉。

蓝旗亚 Lambda（意大利，1922 年）

Lambda 是汽车历史上最具革命性的车型之一。它最先采用了一体化承载式的车身结构及前独立悬挂系统。这种设计对整个汽车行业的发展起到巨大的推动作用。

蓝旗亚 Ardea（意大利，1948 年）

Ardea 是一款小型家用车，它当时搭载着 V4 发动机，采用前置后驱的布局方式。最特别的是，这款车拥有"5速变速箱"。

蓝旗亚的车标文字取自于创始人文森佐·蓝旗亚的名字，而"蓝旗亚"在意大利语中的意思是长矛。

1950 年，蓝旗亚继续领跑，推出了世界首辆搭载量产 V6 引擎的汽车 Aurelia。

蓝旗亚 Stratos HF（意大利，1973 年）

Stratos HF 造型别致，设计风格前卫大胆，看起来如太空船一般，而且它的动力强劲，速度惊人。1974—1976 年，Stratos HF 连续三年登上 WRC 年度总冠军的宝座，成为蓝旗亚历史上的"赛车传奇"。

蓝旗亚 Thesis（意大利，2001 年）

蓝旗亚 Thesis 具有典型的意大利汽车血统，给人一种典雅、高贵之感。它那高大的格栅、楔形的侧面轮廓、钻石形状的车灯及长长的车身，无不彰显着设计艺术的魅力。

蓝旗亚 Thesis 汽车曾被当作礼物送给罗马教皇。

克莱斯勒,变身!

克莱斯勒是久负盛名的美国三大汽车公司之一,创建于 1925 年。因为管理有方,一直致力于创新、改进产品,它很快发展起来,成为比肩福特和通用的汽车生产商。多年来,克莱斯勒制造了很多标志性及极富创意的车型,为人类汽车文明做出了突出贡献。

沃尔特·克莱斯勒和"克莱斯勒 Six"汽车

1924 年,沃尔特·克莱斯勒与另外几名设计师推出了"克莱斯勒 Six"汽车,这款车大受欢迎。第二年沃尔特·克莱斯勒就果断成立了克莱斯勒公司。

克莱斯勒 Airflow(美国,1934 年)

在人类汽车历史上,流线型车身无疑是一个重要的转折点。而克莱斯勒公司设计的"Airflow"堪称流线型汽车的"鼻祖"。除了优秀的动力学设计,Airflow 在操控及舒适性等方面都十分出色,可惜这款车当时的销量并不理想。

建于 1926 年的克莱斯勒大厦坐落在纽约市中心。它高 319 米,曾是世界上最高的大厦。

克莱斯勒 Town & Country(美国,1941 年)

20 世纪 40 年代,克莱斯勒推出了一种风格时尚的流线型旅行轿车——Town & Country。它分为双门轿车、敞篷车等几种类别,这些富有浪漫情怀的车型都比较受欢迎。

克莱斯勒300（美国，1955年）

克莱斯勒300最初"诞生"时，搭载的就是拥有300马力的HEMI V8发动机，速度非常惊人。之后，它多次在强手如云的赛场上大放异彩，连赢十几场冠军，从此一炮而红。

从2010年开始，克莱斯勒汽车开始使用流线型的飞翼标志做车标。

20世纪60年代，克莱斯勒300系列彻底"大变身"，开始采用整体式车身。这就是极富美感和视觉冲击力的克莱斯勒300F。

克莱斯勒Laser（美国，1984年）

Laser具有典型的20世纪80年代汽车造型，集轿车、旅行车和厢式货车功能于一身，是它开启了MPV时代。遗憾的是，这款车只存在了三年，就匆匆退出了历史舞台。

新一代克莱斯勒300C（美国，2011年）

新一代300C从做工、性能到设计风格，都进行了一系列的大胆创新，堪称豪华车型中一个全新的标杆。比较特别的是，这款车还兼具舒适性与燃油经济性，因此得到了消费者的充分肯定。

道奇兄弟闯天下

道奇汽车是美式汽车精神的卓越代表。100多年来，无论是它的SUV、皮卡，还是霸气的肌肉车，无不彰显出满满的硬汉风格。从这些车身上，我们能看到暴力美学的极致之美，也能探寻到沉淀其中的时代印记。

1900年，哥哥约翰·道奇和弟弟霍瑞德·道奇共同创立了道奇公司，最初主要为包括福特在内的厂商生产汽车引擎和底盘等零部件。从1914年开始，道奇走上了自己制造汽车的道路。

1920年，道奇兄弟先后因疾病去世。1928年，道奇汽车被克莱斯勒正式收购，成为其旗下一个子公司。

道奇 Model 30（美国，1914年）

1914年，道奇兄弟推出了第一款道奇汽车Model 30。这款车车身为全钢结构，搭载4缸引擎，整体性能比当时十分畅销的福特"T型车"还高，因此在汽车市场上广受好评。

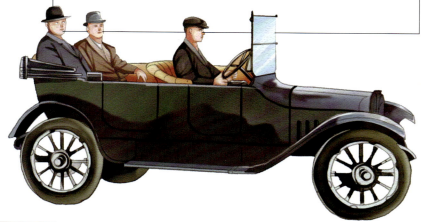

道奇 Luxury Liner（美国，1939年）

为纪念品牌成立25周年，道奇在1939年推出Luxury Liner系列纪念款车型。它们格调奢华，身形出众，而且还拥有封闭式前大灯等多项前卫的特别设计。可以说，Luxury Liner一面世就开始引领20世纪40年代的汽车消费潮流。

道奇 Dart（美国，1960年）

道奇于20世纪60年代初推出的Dart车型，是典型的经济适用车。这款车虽然定位不高，不过却在美国本土大受欢迎。它第一年就创下了32万辆的销量，占当年道奇品牌汽车总销量的88%。

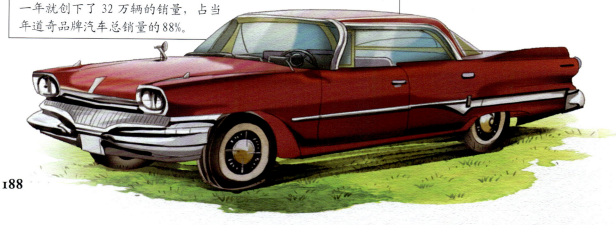

道奇挑战者 Challenger（美国，1970年）

为了和福特野马、雪佛兰科迈罗一较高下，道奇顺应时代脉搏，以"大排量和硬朗格调"为主要设计方向，推出了风格鲜明的肌肉车Challenger。依据动力系统的差异，Challenger 分为四款车型，其中有三款车型搭载的是V8发动机。

在"字母车标"V出现之前，道奇的标志一直是雄姿勃发的"羊头"。

第四代道奇Ram（美国，2009年）

作为道奇的一款经典皮卡，Ram多年来备受大众喜爱。与以往车型相比，第四代Ram的动力性、燃油经济性及舒适程度都有了明显进步。

1992年，极具侵略性的道奇蝰蛇Viper跑车面世。

不是所有吉普都叫"Jeep"

Jeep 诞生于硝烟弥漫的战争时代,一路走来,它始终秉持着无所畏惧的精神,展示着淋漓尽致的野性美。70 年来,Jeep 不变的是品牌内涵,更是信念和情怀。正如它的广告语所言,"不是所有吉普都叫 Jeep"。

第二次世界大战期间,因战争需要,标准化的吉普车开始登上历史舞台。随着时间的推移,它们逐渐成了各个战场的必备车。1950年,"Jeep"正式被威利斯生产厂商注册,成为一个商标。在这之前,"Jeep"一直是美式吉普车的统称。

JEEP CJ-2A(美国,1945 年)

CJ-2A 是威利斯二战后第一批大量生产的吉普车。要知道,很多美国士兵在战后都会买一辆吉普回家以示纪念。所以,在短短四五年间,CJ-2A 的销量就达到了 21 万多辆。

JEEP Jeepster(美国,1948 年)

Jeepster 是威利斯打造的一款运动型生活用车。这款车不仅有强大的动力,而且色彩非常炫亮,十分吸引眼球。可惜,Jeepster 当时的销量并不是很理想。不过,在数十年后,它却成了很多吉普收藏家的最爱。

JEEP CJ-5(美国,1955 年)

1953 年,威利斯生产厂商正式"变身"为威利斯汽车公司。随后在第二年,新公司就推出了 CJ-5 吉普车。CJ-5 具有乘坐舒适、动力强劲等多方面的优势,很快成了人们选择越野车的第一考虑对象。

CJ-5 是威利斯汽车公司最成功的一款车型之一,它持续生产了 30 年。

Jeep汽车的车标简单明了,就是英文"吉普"的意思。

JEEP Super wagoneer(美国,1966年)

Super wagoneer搭载着V8发动机和四驱系统,具有更大的尺寸及镀铬行李架,而且那白胎壁轮胎和三色条喷涂车身尤为让人心动。相比较而言,Super wagoneer更豪华,适合一些中高端消费者。

JEEP Wrangler(美国,1986年)

与传统的CJ系列相比,Wrangler的重心更低、操控性更强,且舒适程度更高。最让人心仪的是,Wrangler的动力表现极为出色。它一上市就取得了巨大的成功。历经几代发展,Wrangler一直是全世界四驱汽车爱好者心中的"梦想之车"。

2019款第四代牧马人

JEEP Compass(美国,2007年)

车如其名,Compass与生俱来有一种"大气磅礴"的王者风范。它用先进的配置、卓越的动力性能及独有的气质征服了众多消费者。

赛车手之车

在汽车王国里,有这样一个庞大的"军团"。它们魅力四射,追求极限,永远对胜利、刷新纪录有莫大的渴望,似乎只为赛道而生。你猜到了吗?它们就是永葆激情的"赛车阵营"。法拉利、玛莎拉蒂、阿尔法·罗密欧……一个又一个品牌因赛车声名鹊起,铸就出各自的辉煌时代。

1947年,赛车运动员出身的恩佐·法拉利在意大利创建了"法拉利汽车制造公司",开始生产赛车。

法拉利125 S(意大利,1947年)

125 S搭载V12发动机,功率能达到100马力。对于一辆车来说,这在当时是非常了不起的成就。作为法拉利品牌创立后生产的第一款车,125 S为法拉利日后的发展奠定了坚实的基础。

法拉利500F2(意大利,1951年)

500F2重心低,重量轻,而且外形非常紧凑。重要的是,它配备的4缸发动机最大功率可达220马力。无论是操纵性还是反应能力,绝对都是一流水准。

1952—1953年,著名的"米兰飞人"阿尔贝托·阿斯卡利驾驶着500F2赛车所向披靡,连续横扫对手,两次拿到了F1世界锦标赛冠军。当时很多车手都因500F2赛车问鼎各项赛事的冠军。500F2赛车获得了"超级法拉利"赞誉。

法拉利 250 GTO（意大利，1962 年）

250 GTO 代表 20 世纪 60 年代法拉利的最高水平，是法拉利历史上的一个巅峰。它百千米加速只需要 5.8 秒，各项性能指标在当时让很多赛车无法企及。60 年代的大多数赛事冠军都被其收入囊中。

法拉利车标由跃起的黑马、意大利国旗、代表法拉利车队的"SF"等元素构成。

法拉利 F40（意大利，1987 年）

F40 的车身由碳纤维为主的复合材料打造而成，具有硬度强且重量轻的优势。它的最大功率为 478 马力，最高速度可达 324 千米 / 小时。这款车是为纪念法拉利成立 40 周年特别推出的车型，受到了车迷的疯狂追捧。

法拉利 F50（意大利，1995 年）

与过去的车型相比，法拉利 F50 的整体造型相当个性。超大的通风孔、高耸的"鼻子"、圆滑的大灯及弧形的进气口等，让它看起来就像一条穿梭于车流中的梭鱼。

法拉利 Portofino（意大利，2017 年）

这款车以意大利古里亚海岸的一个美丽小镇命名，造型和细节方面都极富浪漫气息。虽然它的价格不贵，但同样保有法拉利的赛车血统，能让你体验到专属于法拉利的狂野和激情。

1914年，意大利玛莎拉蒂家族三兄弟共同创建了玛莎拉蒂公司，最初公司只是经营汽车改装及一些赛车方面的业务。

玛莎拉蒂 Tipo 26（意大利，1926年）

Tipo 26 由玛莎拉蒂几兄弟自行设计，搭载的是 1.5L 直列八缸发动机，速度可达 160 千米/小时。同一年，公司创始人之一 Alfieri 驾驶这款赛车出征 Targa Florio 比赛，首战就拿到了同级别第一名的好成绩。自此，玛莎拉蒂开始走进人们的视野。

1930 年，在蒙扎大奖赛上，玛莎拉蒂的 Tipo 26M 赛车包揽了冠亚军。

玛莎拉蒂 250F（意大利，1954年）

从 1954 年开始，玛莎拉蒂迎来自己最辉煌的一个赛季。期间，为顺应赛制的改变，玛莎拉蒂设计生产出了 250F 赛车。这款车采用直列六缸引擎，功率足足有 240 马力。

1954—1958 年，世界著名赛车手胡安·曼纽尔·方吉奥曾利用 250F 赢得 55 场比赛的胜利。玛莎拉蒂也因此名声大噪。

玛莎拉蒂 Quattroporte（意大利，1963 年）

玛莎拉蒂在赛场上大杀四方，名声大振。随着时间的推移，它开始逐渐进军民用汽车领域。而 Quattroporte 车型是颇具代表性的"成名作"之一。这款车外观沉稳大气，一点儿也不浮夸，内部装饰都是极为考究的材料。在 1966 年改版之后，Quattroporte 关注度越来越高，成了很多社会名流和政要的"宠儿"。

玛莎拉蒂的车标有一个象征着活力与力量的"三叉戟"。它的灵感来自于意大利博洛尼亚广场海神雕塑手中的"武器"。

玛莎拉蒂 Boomerang Italdesign（意大利，1971 年）

Boomerang 是一款概念车，由著名设计师乔治亚罗操刀设计，一经问世，就引起了轰动。它的外形采用了独特的楔形形态，如同一架飞行器。

玛莎拉蒂 MC12（意大利，2004 年）

玛莎拉蒂 MC12 是一款中置引擎超级跑车，车身由碳纤维制造，最高车速超过 330 千米/小时。

玛莎拉蒂 Levante SUV（意大利，2016 年）

Levante SUV 是玛莎拉蒂在豪华车领域的又一经典力作。它拥有一系列的高端系统和亮点配置，能让我们在享受强悍动力的同时，有舒适、愉快的驾乘体验。

1910年，意大利投资财团接管法国汽车制造商Alexandre Darracq在米兰的工厂，成立了Alfa汽车公司。

阿尔法·罗密欧24HP（意大利，1910年）

24HP是Alfa的首款汽车，分为四个版本。它们当时搭载4.1L直列四缸发动机，功率基本为42～45马力。1911年，两位赛车手驾驶24HP参加Targa Florio开放道路挑战赛，结果却以失败告终，不过在这次比赛中，Alfa成功引起了很多人的注意。

第一次世界大战结束后，Alfa于1920年正式更名为Alfa Romeo。

阿尔法·罗密欧P2（意大利，1924年）

P2配备着被人津津乐道的直列八缸发动机，功率达145～160马力，它的动力性能当时遥遥领先。恰逢此时，三位顶级赛车手加入了Alfa Romeo车队，组成黄金组合。1924—1925年，他们驾驶P2赛车多次获得Grand Prix大奖赛的冠军。Alfa Romeo的名字很快享誉国际车坛。

阿尔法·罗密欧 Tipo 159（意大利，1951 年）

　　Alfa Romeo 一直在制造赛车的路上精益求精。Tipo 159 拥有复杂的迪翁轴悬架，这使得它在操控上很有优势。不仅如此，Tipo 159 的功率甚至达到 420 马力，但超高的油耗却让这款车在赛场上有些力不从心。此后，Alfa 暂时退出赛场，转而着重研发民用汽车。

　　阿尔法·罗密欧车标上的红色十字取自米兰城盾形徽章，而"吃人龙形蛇"图案则来源于一个古老贵族的家徽。二者结合组成了风格鲜明的车标。

阿尔法·罗密欧 Giulia Sprint GTA（意大利，1965 年）

　　Giulia Sprint GTA 是一款民用赛车。它的重量仅为 740 千克，发动机功率最大可达 170 马力。绝佳的性能让 Giulia Sprint GTA 接连在几年间的大赛上捧回冠军奖杯。

1967 年，Alfa Romeo 又推出了一款赛道利器 Tipo 33。它同样为 Alfa Romeo 赢得了无数荣誉。

阿尔法·罗密欧新一代 Giulietta（意大利，2010 年）

　　2010 年，阿尔法·罗密欧迎来了 100 岁的生日。在这个特殊时刻，阿尔法·罗密欧推出了一款纪念车型——新 Giulietta。这款车拥有传统的意式车基因和阿尔法·罗密欧元素，处处洋溢着动感和激情。在动力及燃油等方面，它同样具备很多优势。

阿尔法·罗密欧汽车显著的标志——盾形进气格栅。

由天入地——宝马

宝马是欧洲乃至全世界最知名的汽车品牌之一。与许多公司追求量产第一不同，它一直以来都将汽车的品质、性能列为首要衡量标准。所以，我们才能见证那么多款"传奇车王"的诞生。岁月流逝，风云变幻，而宝马始终如一，魅力不减，风采更盛。

从发动机到汽车

宝马创建之初是一家飞机发动机的制造商，曾因设计生产直列六缸发动机出名。第一次世界大战结束后，宝马公司重组，同时转做摩托车。没过几年，它又将目光锁定在汽车领域，于1929年收购Dixi公司，正式踏足汽车制造业。1932年，宝马生产出了自己的第一款汽车——3/20 AM-1。

328车型是宝马品牌历史上重要的里程碑之一。

飞速发展

1934年，宝马公司研究出了303车型。这款车不但是所有六缸车型的"始祖"，还是第一款匹配双肾形散热器格栅的汽车。两年之后，宝马又生产出了一款328跑车。它迅速席卷运动型汽车领域，开始牢牢统治20世纪30年代的跑车赛场，几乎战无不胜。

1951年，宝马推出豪华汽车501，随后又推出匹配V8发动机的507跑车。

陷入窘境

"二战"期间，宝马一直为德国政府制造飞机发动机、汽车及摩托车，后来部分工厂被同盟国炸毁。战后，尽管宝马努力恢复生产，推出了几款汽车，无奈大部分销量平平，公司面临重重财务危机，风雨飘摇。

宝马507跑车

1955年，宝马发布著名的Isetta"气泡"汽车。尽管这款车曾风靡一时，销量高达16万辆，可是它依然无法使宝马摆脱财务困境。

绝处逢生

1959年，宝马濒临破产之际，Quandt家族决定对其进行投资，使它免遭被戴姆勒-奔驰汽车公司收购的危机。在新的管理团队的带领下，宝马转危为安，相继发布多个车系。与此同时，宝马还不忘壮大队伍，连续收购Glas、英国罗孚集团及著名的劳斯莱斯等品牌。随着时间的推移，宝马的实力进一步增强。

1961年下线的Neue klasse 1500设计新颖，款式时尚，非常畅销。

系列宝马

在宝马"大家族"里有十几个车系，它们的外观、性能、风格不一样，定位和所针对的消费者也略有不同。不过，这些车系都是宝马"精雕细琢"打造出来的精品，在各自的市场领域独领风骚。正是它们共同造就了强盛的"宝马帝国"。

宝马1系 M135i（德国，2012年）

作为宝马1系的升级版，新一代M135i 外观更时尚，更具视觉冲击力。锋利笔直的线条，别具一格的矩阵格栅，动感十足的LED尾灯……处处彰显着运动气息。此外，宽松的内部空间、ARB技术植入等，都是这款车不能忽略的亮点。

宝马2系 Active Tourer（德国，2015年）

宝马2系 Active Tourer 整体造型前低后高，细节设计到位，看起来动感十足。而且它搭载的是1.5L直列三缸涡轮增压发动机，最大功率可达136马力。这种配置当时在紧凑型豪华车中算得上是佼佼者了。

宝马3系 E21（德国，1975年）

宝马3系始于20世纪70年代，是宝马历史上最辉煌的车型之一。发展到现在，它历经了七代变革。E21是宝马3系的"元老"，它当年以双门轿跑、2.3L直六引擎、"鲨鱼嘴"楔形车头等特别设计，吸引了大众的目光，成为同级别车型的标杆。

截至停产的时候，E21共创下了100万辆的销量。

宝马 4 系 Gran coupe（德国，2014 年）

Gran coupe 是 4 系中的四门版车型，不但保持原有 4 系车型一贯的运动与优雅气质，而且还兼具实用性特征。与传统 4 系车型相比，它在内部空间、车身结构、隔音设计及后备厢等细节方面，都做了很大的提升。

宝马车标那蓝白相间的图案象征着蓝天、白云及螺旋桨，既代表着宝马曾经在航空发动机领域所取得的辉煌成就，又表达了希望宝马蓬勃向上的美好愿景。

宝马 5 系 E12（德国，1972 年）

这款车外形简洁大方，配备着高效的发动机，安全性也很高。虽然整体造型看起来有些中规中矩，但那好像"猪鼻子"的双肾格栅却让人印象格外深刻。和当时的很多汽车一样，它同样拥有看起来不怎么协调的单侧反光镜。尽管如此，它的出现却标志着宝马迎来了崭新的设计时代。

宝马6系GT（德国，2017年）

宝马6系GT整体造型风格鲜明，符合美学潮流，曾获得设计大奖。宽敞的空间，标志性的L形尾灯，无框车门……种种细节无不透露出它的独具匠心之处。GT有两套动力系统，分别搭载2.0T发动机和3.0T发动机，消费者可以根据需要进行选择。

E23不但匹配着智能故障检测系统，而且"装备"了一台提示续航里程及保养里程等信息的行车电脑。

宝马7系E23（德国，1977年）

20世纪70年代，豪华车市场的话语权掌握在奔驰手中。迅速成长起来的宝马迫切希望推出一款新车型，打破这种"品牌垄断"。于是，7系E23应运而生。E23的整体风格和早期的5系车差不多，不过，它的车身尺寸更大，气场明显更加"彪悍"，内饰及各种系统等也更先进。

宝马8系E31（德国，1989年）

可以说8系E31是"含着金钥匙出生"的一款车型。为了研制出这款高端车型，宝马采用了很多先进技术，耗费了大量资金。当时，绝大多数运动型汽车的风阻系数在0.3以上，而E31却能达到0.29。另一方面，它搭载5.0L V12发动机，绝对称得上是"动力怪兽"。但因为价格过于高昂，E31的销量有些惨淡。

宝马X6（德国，2008年）

宝马X6既有轿跑的"曼妙身姿"，又有越野车的凌然气势，可谓"刚柔并济"，开创了越野车造型方面的先河。此外，它还是首款搭载"动态驱动力分配系统"的宝马车型。

动态驱动力分配系统有助于改善、解决汽车转向过度及转向不足等问题，提升汽车在行驶过程中的稳定性。

宝马Z8（德国，2000年）

Z8除了拥有令人印象深刻的复古、另类造型，还应用了一系列的创新型设计，使用了大量新材料，所以，各项性能都比较"硬核"。它曾以詹姆斯·邦德座驾的"身份"在007系列影片《黑日危机》中亮过相呢！

宝马i8（德国，2014年）

身为宝马在环保汽车领域的"开山之作"，i8一面世就吸引了全球目光。那炫酷别致的外形、高性能的混合动力系统及充满科技感的内饰等，无不向人们传达一个信息：什么才是宝马汽车的水准。

i系列大都以混合动力和纯电动技术为驱动技术，是宝马旗下最环保的车系。

MINI 不迷你

从不被认可到大受推崇、风靡全球,从独树一帜到被争相模仿,MINI 用时间向我们证明,它们掀起了一场怎样的汽车技术革命。时光荏苒,MINI 作为小型汽车的引领者,早已变成一种时尚标签。直至今日,它们依然保有青春与活力,为世人制造着各种惊喜。

MINI Classic(德国,1959 年)

第一辆 MINI 是著名汽车工程师 Sir Alec Issigonis 的杰作。这款名叫 MINI Classic 的汽车不但采用前轮驱动等设计方式,而且巧妙地安排了横置发动机和变速箱的位置,使车内空间实现了最大化。但没想到这款车上市后却遭受冷遇,销量并不出众。

虽然初期 MINI Classic 在市场上的反响平平,可它并没有就此销声匿迹。到 2000 年退出市场,MINI Classic 的成绩是 5380000 多辆。

MINI Cooper(德国,1961 年)

MINI Cooper 首次采用前轮盘式刹车系统,搭载双化油器发动机,功率比 MINI Classic 大很多,动力性能更为出色。很快,经过改良的"MINI Cooper S"就开始出征各种拉力赛,频频取得好成绩,一时间风头无两。

宝马一代 MINI Cooper（德国，2001 年）

新一代 MINI Cooper 在一定程度上继承了 MINI 的基本特征，但它的尺寸略大，而且内部空间及动力设计比较符合现代潮流。最重要的是，有了宝马技术的加持，新一代 MINI Cooper 变得更安全且富有驾驶乐趣。

宝马 MINI 的新车标依旧保留飞翼元素，看起来更加简洁、经典。

1994 年，宝马并购罗孚集团，MINI 成了宝马旗下的品牌。

宝马 MINI Clubman（德国，2007 年）

MINI Clubman 属于一款休闲型轿车。同之前的 MINI 相比，它除了车内空间更大、实用性更高外，还拥有独一无二的五车门设计，方便后座乘客上下车。

宝马 MINI Coupe（德国，2011 年）

MINI Coupe 拥有头盔式的圆弧车顶和倾斜度更大的 A 柱，这让它的轿跑气息更浓，动感十足。值得注意的是，这个车系中的所有车型均配备了电动辅助方向盘等很多先进技术系统，以保证车辆的操控性。此外，四款动力配置也是不容忽视的亮点。

劳斯莱斯传奇

提起劳斯莱斯，大多人脑海中涌现的词语都是"顶尖"二字。事实上，一直以来，人们都用劳斯莱斯来定义奢华。正像某句话所描述的那样，"每个买好东西的人，只买劳斯莱斯"。劳斯莱斯代表的就是品质格调和不巧魅力。

1904年，英国汽车工程师亨利·莱斯与贵族出身的汽车经销商查理·莱斯一起创建了劳斯莱斯汽车公司。

劳斯莱斯幻影I（英国，1925年）

第一代幻影搭载7.7L直列六缸发动机，配备3速或4速手动变速箱。这种先进的配置，可以让它们在128.7千米/小时的速度下仍然保持安静。发展到现在，幻影已经生产了八代车型。

劳斯莱斯银云（英国，1955年）

银云是劳斯莱斯推出的一款顶级豪车，自带贵族气质和强大的气场。那优雅的水箱格栅、镀铬装饰条等个性化设计一直流传至今。

劳斯莱斯银影（英国，1965年）

在银影出现之前，劳斯莱斯家族的汽车大都是"复古范儿"，车身圆润。而银影的线条平直、利落，走的则是"现代化造型"路线。时尚漂亮的银影一经推出就深受大众喜爱。

劳斯莱斯汽车的标志，一个是双R，另一个是欢庆女神。两个R重叠在一起，体现了两位创始人融洽的关系。而女神象征着美丽、优雅、奢华与玲珑。欢庆女神的原型是一位叫埃莉诺·桑顿的女子，她和曾经在劳斯莱斯任职的约翰·蒙塔古之间有一段非常凄美的爱情故事。

劳斯莱斯古斯特（德国，2009年）

古斯特整体看起来沉稳大气，内部空间也十分宽敞。最重要的是，它的动力性、操控性及安全配置都十分出色。尽管和那些"大号劳斯莱斯"相比，古斯特显得有点小，但这款车却备受消费者青睐，是劳斯莱斯历史上最快的量产车。

劳斯莱斯幻影特别版（德国，2018年）

幻影被认为是生而不凡的耀世之作。无论是驾乘体验、舒适度，还是极致的奢华，在豪车界都是首屈一指。

雪铁龙：从齿轮厂起家

驰名世界的雪铁龙是汽车行业中为数不多的"先驱者"，也是法国汽车品牌绝对的"主角"。一个世纪以来，它从齿轮开始出发，不断创新寻求突破，出色地塑造、生产了一系列法国独一无二的标志性汽车，最终开创出了属于自己的辉煌时代。

雪铁龙 Type-A 10VC（法国，1919 年）

Type-A 搭载 1.3L 发动机，功率约有 10 马力，速度可达 65 千米 / 小时。尤为让人心动的是，这款车的售价只有 7950 法郎，价格比其他竞争车辆要低很多，所以它很快引起轰动，雪铁龙短时间内接到了很多订单。

1924 年，雪铁龙又推出了全钢制车身的 B10 车型。这款车让雪铁龙声名鹊起，进一步打开了市场。之后，雪铁龙继续探索，一连生产出了几十种车型，成了法国的工业巨头。不过可惜的是，因为经济原因，雪铁龙不得不于 1934 年宣告破产，随后轮胎生产商米其林接管了它。

1925—1934 年，雪铁龙的名字以数万颗灯泡的形式出现在埃菲尔铁塔上。

雪铁龙汽车用人字形齿轮形状做车标。

雪铁龙 2CV（法国，1948 年）

2CV 配备两缸发动机，设置了四个车门，风格简单质朴，坚固耐用且价格低廉。小小的车身，较低的油耗，使它们成了法国城市街头的"国民车"。令人惊讶的是，这款车足足持续生产了 42 年，销量超过 510 万辆。

雪铁龙 DS Berline（法国，1955 年）

DS Berline 是世界上第一辆液气联动悬挂系统的汽车，在汽车历史上具有重要意义。它具有与众不同的飞碟式造型，极佳的乘坐体验……各项设计都得到了消费者的普遍认可。就连著名的法国总统戴高乐都曾是 DS Berline 的忠实用户。

雪铁龙 CX（法国，1974 年）

CX 采用的是溜背造型，有内凹式车窗、单辐方向盘、转筒式仪表盘……这一系列的特别设计，着实颠覆了当时人们保守的审美观念。前卫大胆的风格及舒适的驾乘体验，迅速为它赢得了良好的口碑。

雪铁龙 C4 Cactus（法国，2014 年）

C4 Cactus 的设计风格颇为大胆，外形看起来圆润俏皮。最特别的是，C4 Cactus 的车身部分加入了一种特殊的柔软材质，这可以让它更加防腐耐用，抵御轻微剐蹭。

雄狮威武——标致

标致是世界上最早的汽车生产商之一,也是法国著名的工业品牌巨头。早在汽车实现商业化之前,标致就从事汽车制造、生产业务,距今已经有一个多世纪的时间了。作为"法兰西的荣耀",标致不但有悠久、光辉的传奇历史,更有灿烂厚重的品牌文化。

1810年,标致家族在法国小城索肖成立了"标致公司",当时主要生产、加工一些金属零件。随着时间的推移,标致家族的生意越做越大,产品包括钢锯、弹簧、咖啡机……种类越来越多。20世纪80年代以后,标致公司开始主做自行车和摩托车。1889年,标致生产出了第一辆以"标致"命名的汽车。

标致 Type 2(法国,1890 年)

Type 2当时安装着戴姆勒发动机,是标致旗下首款由汽油驱动的原型汽车。这款车的出现,代表标致汽车品牌正式诞生。

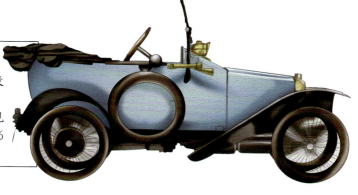

标致 BP-1(法国,1912 年)

BP-1是由布加迪先生亲自操刀设计,为标致推出的第二代"标致宝贝"。与第一代"标致宝贝"相比,它在外观及性能上都有了很大的变化。到1916年停产时,BP-1的产量超过3000辆。

标致 401 Eclipse(法国,1934 年)

401 Eclipse是标致历史上第一款硬顶敞篷车,也是世界硬顶敞篷车的"鼻祖"。福特及梅赛德斯·奔驰等品牌都曾借鉴这一创意设计过不同类型的敞篷车。

标致403（法国，1955年）

403采用整体式车身结构，线条流畅，气质"高雅"。而且它首创安装了弧形挡风玻璃，曾广受好评。量产当年，这款车的销量就超过10万辆，最终的销量更是突破百万辆大关，为标致创造了新的历史。

标致汽车的车标是霸气威猛的狮子形象。

1965年，世界首辆配备前轮驱动的汽车标致204面世。

标致205（法国，1985年）

205是一款掀背式汽车，性能优良，"运动基因"强大。它为标致赢得了1985年和1986年的世界拉力锦标赛冠军，随后又在1992年举行的世界跑车锦标赛中大放异彩，问鼎冠军。就这样，205因赛道光环成了人们心中的"神车"，销售得非常火爆。

坡后右转，小心地面。

收到。

标致205 Turbo 16

标致408（法国，2010年）

408是一款中级家用车。从外表来看，这款车很"标致化"，设计风格大气时尚。它的内饰配置相当齐全，车内空间宽敞舒适，视野开阔。尤为重要的是，408的操控性能极佳，因此很受消费者欢迎。

捷豹路虎是一家

或许有些人很难想到，捷豹、路虎这两大顶级奢华汽车品牌来自一家公司，是一对"好兄弟"。尽管它们的"年龄"不同，生产的汽车各有特色，成为"手足"的时间也不长，但这两大品牌早已紧紧联系在一起，是名副其实的"豪车兄弟团"。

1922年，酷爱摩托车的威廉·里昂斯与朋友威廉姆斯·沃姆斯勒成立了一家摩托车公司，名为Swallow Sidecar。五年之后，Swallow Sidecar公司开始涉足汽车制造，为奥斯丁7型汽车设计车身，随后尝试开始制造汽车。1934年，Swallow Sidecar公司更名为"SS"公司，此时，公司已由威廉·里昂斯独自掌权。"二战"结束不久，"SS"公司正式更名为"捷豹"。

捷豹SS100（英国，1935年）

在首款敞篷双人座跑车——SS90销售状况不佳后，捷豹公司经过精心改良，又推出了SS100。SS100配备着新款大灯、散热器及油箱，而且搭载全新发动机，功率提升了不少。这一系列的改良设计，使它成为"二战"前最经典的跑车之一。

捷豹XK120（英国，1948年）

XK120采用全铝合金材质流线型车身，配备扭杆式独立前悬架，最特别的是搭载3.4LXK直6发动机，速度可达132千米/小时。绝佳的性能让XK120为捷豹赢得了很多荣誉，深受消费者认可。

捷豹 E-TYPE（英国，1961年）

E-TYPE 的外形奇特，给人一种时尚、灵动的飘逸之感，被公认为捷豹汽车历史上最美丽的车型之一，素来被称以"艺术瑰宝"。而 E-TYPE 也不负所望，一亮相就引起极大轰动。为了彰显品位，当时很多演艺界人士都将其视为自己的首选车型。

捷豹的车标是腾空前扑的美洲豹雕塑，极具视觉冲击力。它一方面既能体现公司名称，另一方面又能充分彰显捷豹汽车的速度与力量。

捷豹 XJ220（英国，1992年）

XJ220 搭载 3.5L V6 双涡轮增压发动机，匹配 5 速手动变速箱，百千米加速仅仅需要 3.8 秒，最高速度可达 349 千米/小时。这个成绩，打破了法拉利 F40 所创下的速度记录，XJ220 一度被称赞为"20 世纪 90 年代最快的量产跑车"。

捷豹 XF（英国，2007年）

可以说 XF 是捷豹历史上一款具有里程碑式意义的车型。因为它放弃了捷豹一直以来的复古造型，线条看起来像轿跑一样潇洒灵动，整体风格变得前卫又大胆，让人眼前一亮。

1989年，福特公司以1.6亿法郎的价格买下了捷豹。之后捷豹于2000年加入福特的路虎，合并为一个部门。2008年，捷豹路虎被福特转手卖给了印度塔塔汽车。

Land Rover Series Ⅰ

第二次世界大战结束后，执掌罗孚汽车公司的斯宾塞和莫里斯决定研制一款新车。很快，他们从一辆美国威利斯JEEP身上得到启发，于1947年打造第一辆路虎原型车。

Land Rover Series Ⅱ（英国，1958年）

与Series Ⅰ相比，Series Ⅱ在外形及内部性能上有了变化，车身开始有了弯曲的腰线，各方面细节变得精致不少，而且发动机也换成了动力更为强劲的柴油发动机。

Land Rover 揽胜（英国，1970年）

揽胜一方面采用螺旋弹簧减震系统等先进技术，极大地提高了消费者驾乘的舒适性，另一方面还设计了全新的造型，使车内空间变得更加宽敞。最重要的是，它搭载着一台3.8L V8自然吸气发动机，越野性能也得到了很大的提升。

Land Rover 发现（英国，1989年）

为了进军中型SUV市场，路虎推出了"发现"车型。这款车尺寸比揽胜小一些，配置也不如揽胜豪华，不过越野能力却毫不逊色，令人惊喜的是，它的售价只有揽胜的一半，所以一上市就引发关注，销量遥遥领先。

简洁、霸气的路虎车标

Land Rover 神行者（英国，1997年）

在被宝马收购以后，路虎获得了强有力的资金支持。于是，它瞄准紧凑型SUV市场，推出了更平民化的"神行者"。神行者虽然依旧保留路虎的血统，不过却在很多方面采用轿车的设计方式。新颖的造型，出众的性能，加上便宜的价格，让它成了路虎有史以来最畅销的车型。

Land Rover 揽胜极光敞篷车（英国，2015年）

揽胜极光敞篷车是路虎品牌倾心打造的第一款敞篷车。它同样继承了路虎汽车惯有的越野血统，搭载许多先进配置，集各种优势于一身，称得上紧凑型敞篷SUV的标杆。

为赛车而生——迈凯伦

相对其他汽车品牌而言,迈凯伦旗下的汽车种类不算多,可每一款都是难得的艺术珍品,风格特立独行,且性能极佳。半个多世纪以来,这些汽车仿佛专为赛道而生,用一个又一个纪录创造着速度巅峰,书写着迈凯伦的历史。一代传奇迈凯伦,就是超跑界永不谢幕的神话!

迈凯伦的创始人是布鲁斯·迈凯伦。他自幼对赛车十分痴迷,十几岁时就能亲手组装赛车。1959年,年仅22岁的布鲁斯·迈凯伦在开始赛车生涯后不久,就拿到阿根廷大奖赛的第一名,成为F1历史上最年轻的冠军。这一纪录直到2003年才被打破。1963年,他创建了"布鲁斯·迈凯伦赛车有限公司",开始装配赛车。

Mclaren M6GT(英国,1969年)

M6GT是布鲁斯·迈凯伦亲自操刀设计的一款公路跑车。它的功率高达370马力,最高速度为266千米/小时。本来这款车有机会量产,可是自从布鲁斯·迈凯伦因事故逝世后,M6GT就画上了句号,一共只生产了3辆。

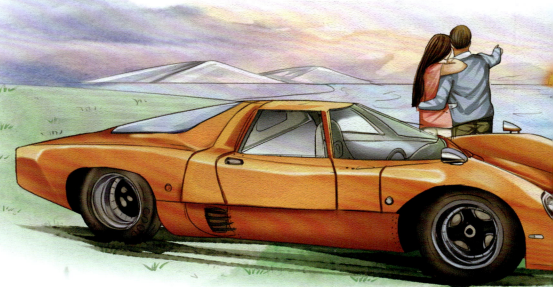

迈凯伦F1曾是世界上跑得最快的量产跑车之一。

Mclaren F1(英国,1992年)

迈凯伦F1采用全碳纤维材料做一体式底盘,当时这在世界上还是首创。加上它的悬挂系统和底盘的连接处用的也是质量很小的铝合金和镁合金,所以整辆车都很轻。此外,无论是在配置装备,还是在整体布局上,迈凯伦F1几乎做到了完美无缺。要知道,这款车的百千米加速时间只需要3.2秒,最高速度甚至高达320千米/小时。

Mclaren MP4-12C（英国，2011年）

迈凯伦 MP4-12C 被称为"低调的幽灵"。它继承了大量赛车基因，无论直线加速还是弯道超越能力，都极为出色。如果同级别跑车举行一场比赛的话，相信没有哪款车的加速能力能比得上它。

迈凯伦汽车的车标也比较简单，是迈凯伦英文名称和代表速度的光束图形的组合。

Mclaren P1（英国，2012年）

迈凯伦 P1 与法拉利拉法、保时捷 918 并称为"三大神车"，足见这款车在人们心中的"神圣"地位。P1 的功率超过 900 马力，百千米加速只需 2.8 秒，最快速度更是在 350 千米 / 小时以上。夸张前卫的造型、无与伦比的性能、超越极限的速度……难怪那么多人对它心驰神往。

迈凯伦车队是 F1 比赛中最成功的车队之一，一度与法拉利车队势均力敌。50 多年间，迈凯伦车队共获得过 12 个车手总冠军、超过 180 个分站冠军，共有 19 位赛车手登上领奖台，其中就包括巴西巨星埃尔顿·塞纳。

以车神埃尔顿·塞纳名字命名的特别车型"迈凯伦 Senna"。

复古且奢华的摩根

或许，你觉得摩根汽车只是一个小众汽车品牌，或是汽车行业里的"新秀"。可事实上，这个英国汽车品牌的"年龄"已经有110多岁了。值得注意的是，直到今天，摩根依旧保持初心，采用纯手工的方式打造汽车。回首过往，那些独具匠心的摩根汽车非但不过时，反而每一辆都是难忘的经典。

摩根汽车公司创立于1909年，创始人是Harry Frederick Stanley Morgan先生。摩根从简单的三轮汽车开始出发，一步一个脚印，最终成长为一流的古典运动跑车品牌。

摩根早期三轮汽车 "Three Wheeler"

因为生产线及员工人数的限制，摩根公司的产能有限，每年生产的汽车仅1200辆左右。有些汽车从下单到可以提车往往需要1~2年的时间，但毋庸置疑，每一辆摩根都是精品中的精品。

摩根 4-4（英国，1936年）

摩根4-4车型是摩根旗下第一款四轮汽车，搭载着四缸发动机。从20世纪30年代问世以来，它的模样始终如一，即使后来推出的改款车型，外观也没有太大变化。

摩根 Plus 4（英国，1964年）

这款跑车采用轿跑式的车身风格，拥有比较常规的外观和线条，但整体看起来十分古典奢华。摩根Plus 4的动力性能十分出色，最高速度能达到185千米/小时。

摩根 Plus 8（英国，1968 年）

除了身形稍大一些，摩根 Plus 8 的外观依旧与它的"前辈们"如出一辙。不过，这款车却安装着一颗强大的"心脏"——V8 发动机。因此，当 Plus 8 跑起来的时候，速度足以和一些大牌超跑相媲美。要知道，它可是 20 世纪 60 年代加速最强劲的汽车之一。

摩根汽车的车标上既有象征速度的翅膀，又有引擎元素和摩根英文字样，充分诠释了其品牌文化。

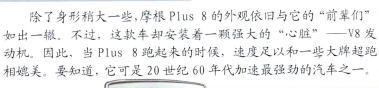

摩根 Aero 8（英国，2000 年）

这是一款采用全新设计的车型，它兼具古典车的气质与现代跑车基因，看起来沉稳大气又不失时尚美感。摩根 Aero 8 搭载的是宝马提供的 4.4L V8 发动机，在动力方面的表现十分抢眼。

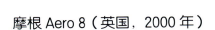

摩根 V6 Roadster（英国，2004 年）

V6 Roadster 依然秉承摩根汽车的"怀旧"风格，尽显奢华复古魅力。但是，它的内在却十分现代，搭载着福特 3.7L V6 发动机，动力性能毫不逊色。

来自北欧的沃尔沃

如果谈论起"汽车安全",相信很多人第一时间都会想到"沃尔沃"。拥有90多年发展历程的沃尔沃,一直致力于将汽车安全与性能提升实现完美融合。长久以来,它俨然已经成了"汽车安全"的形象代言人。科学严谨的态度、不忘初心的信念、安全可靠的口碑……正是它们支撑着沃尔沃越走越远。

沃尔沃 OV4(瑞典,1927 年)

OV4 是沃尔沃首款量产汽车。它配备着 1.9L 28 马力的双缸发动机,最高速度可达 90 千米/小时。因为 OV4 大部分为敞篷车型,并未充分考虑瑞典天气因素,所以这款车的销量没有达到预期。

沃尔沃原本是瑞典知名轴承制造商 SKF 旗下的一个子公司。1926 年,在 SKF 集团销售经理 Assar Gabrielsson 和工程师 Gustav Larson 的努力下,沃尔沃从集团独立出来,于 1927 年正式成立"AB Volvo 公司",开始生产汽车。

沃尔沃 PV36(瑞典,1935 年)

PV36 对于沃尔沃品牌来说,具有里程碑式的意义。因为它是沃尔沃开始进军豪华汽车领域的标志。PV36 拥有前卫的流线型车身,造型灵动,气质优雅,一面世便成功吸引了大众的目光。

沃尔沃 P1800(瑞典,1961 年)

P1800 是一款运动型轿车,外观既充满动感,又不失优雅。最重要的是,它配备着 1.8L 100 马力的四缸发动机,动力性能尤为出色。P1800 一经推出,就拥有了大批粉丝,其中就包括著名电影演员罗杰·摩尔。

沃尔沃 140（瑞典，1966 年）

　　140 的造型简约，车身非常坚固，而且还拥有分离式方向机柱、四轮碟刹、新三点式安全带固定扣锁等一系列特别设计，安全性能简直能和坦克相媲美，所以，当时被评为"全球最安全车型"。

　　沃尔沃车标由代表铁元素的古老化学符号及古埃及字体 VOLVO 字样等元素构成。它寓意沃尔沃有着钢铁般的实力，必将一路发展、奋勇向前。

沃尔沃 850（瑞典，1991 年）

　　与之前推出的车型相比，850 虽然整体造型还是以直线为主，但线条给人感觉圆润不少，富有柔和之美。它突破性地运用前轮驱动，并且采用三角连杆后轴等四大革新技术，所以是当之无愧的"性能之车"。

沃尔沃 XC90（瑞典，2002 年）

　　XC90 是沃尔沃首款 SUV，沿袭了沃尔沃一直以来的豪华设计，安全性能同样十分突出。作为 7 座豪华 SUV，XC90 的舒适性和操控性几乎无可挑剔。多年来，它好评无数，是很多消费者心中的挚爱。

第六章
亚洲车系

丰田的壮举

丰田是全球最大的汽车生产商，坐拥世界汽车工业的头把交椅。它旗下的汽车品类繁多，令人趋之若鹜的豪华车，彰显力量与动感之美的超级跑车，经济实用的平民化小型车，以科技、创新闻名的混合动力车……每一款都是品质过硬的精品，备受青睐和推崇。

纺织厂里"诞生"的品牌

丰田的创始人是日本纺织大王丰田佐吉的儿子，名叫丰田喜一郎。1929年，在充分了解和学习欧美汽车制造产业之后，丰田喜一郎回到国内，开始潜心研究、制造汽车。1933年，他在纺织厂公司创立汽车部。1935年，坚持不懈的丰田喜一郎终于制造出了第一辆A1型轿车和一辆G1型卡车。1937年，丰田汽车部从纺织厂独立出来，正式成为"丰田汽车工业株式会社"，也就是我们所说的丰田汽车公司。

搭载3.4L直六引擎的A1型轿车。

在A1基础上改进而来的Toyota Mode AA。

稳步发展

丰田生产汽车之前，日本本土的汽车几乎都依赖进口。为了扶持本国企业，日本政府采取了一系列的干预政策，就这样丰田抓住有利契机，大力发展生产，第二次世界大战爆发后，因为战争需要，丰田开始为日本军队制造卡车。

Toyota KB 卡车

丰田 KC 型的卡车

丰田 KCY

重重危机

"二战"结束后，日本被盟军采取经济限制等措施。在这个大环境的影响下，丰田只能在夹缝中寻求生存。可是因为财务状况堪忧，它不得不宣布裁员、减薪，以至于在工人间爆发了大规模的罢工运动。而公司的掌门人丰田喜一郎也被迫辞职，将职位交给了侄子。可是危急时刻，丰田没有倒下。很快，朝鲜战争爆发，丰田制造了大量的军用汽车，这才得以存活下来。

丰田在朝鲜战争期间所制造的军用汽车。

崛起

在经历艰难波折以后，丰田进入持续发展阶段。随着时间的推移，丰田的产品种类越来越多，知名度越来越广，慢慢地，它逐渐踏足其他国家的汽车市场。因为品质出众，丰田汽车不但销量猛增，还在世界范围内赢得了良好的口碑。20 世纪 60 年代，丰田开始扩张计划，先后将 Hino 和 Daihasu 纳入自己的麾下，同时还在很多国家建立了生产基地。

20 世纪 60 年代初，丰田开始在美国销售 Tiara 车型。

第二代 Crown 让丰田在美国一炮而红，树立了良好的口碑。

丰田"们"

　　一直以来，丰田汽车就因耐用、舒适等特性被人们津津乐道。放眼全球汽车市场，丰田的车型几乎覆盖了从低端到高端市场的所有领域，车型更是多达十几种。这个"汽车大家族"历经时间的洗礼，未来必将变得更加繁荣和兴盛。

丰田Crown（日本，1955年）

　　20世纪50年代，丰田针对商务人士研发出了豪华轿车Crown。那时的Crown车身呈船形，不过整体有点小，车头有两个标志性的圆筒式大灯。尤为吸引人的是，它的前后车门采用的是对开方式。

本田Corolla（日本，1966年）

　　Corolla的结构紧凑，整体设计风格时尚，而且机械工艺很好。它推出后不久，就成了日本销量最好的车型。凭借低廉的价格，值得信赖的品质，Coralla在世界范围内赢得了广泛赞誉。

丰田Camry（日本，1982年）

　　第一代Camry搭载着1.8L或2.0L直列四缸发动机，并采用前置前驱的方式。这款车内部空间十分宽敞，乘坐舒适，在当时是很多人家庭用车的首选。时至今日，Camry已经推出了六代。

丰田的车标由三个椭圆构成，外围的椭圆代表地球，中间的两个椭圆组成"T"字，代表丰田公司。

丰田 Prado（日本，1990 年）

Prado 的配置在当时看来有些豪华，除了时速、转速、水温及燃油表外，它还拥有机油和蓄电表。最重要的是，2.4L 的涡轮增压柴油发电机和 4 速自动变速箱，使它的越野能力非常出众。

丰田 Yaris（日本，1999 年）

Yaris 同样是"丰田基因"强大的精品车。它不但拥有一系列的人性化设计，配置齐全，而且还节能环保，深受消费者的青睐。它还获得过"2000 年度最安全的小型车"的荣誉。

丰田 IQ（日本，2008 年）

IQ 是丰田根据时代潮流特别打造的一款紧凑型汽车。它那萌态十足的造型、小巧精致的车身及超低的油耗，使其收获了一大批"粉丝"。

日本有顶级轿车吗？有！雷克萨斯

尽管雷克萨斯的成长历程无法与一些欧美老牌豪车相提并论，不过，这个"新生儿"却一路过关斩将，在强手如云的高端汽车市场中大杀四方，脱颖而出。长久以来，它不断追求突破，敢于进行各种挑战，留下了一段段"励志"的传奇故事，在高端汽车市场领域掀起了一场又一场雷克萨斯风暴。

雷克萨斯 LS 400（日本，1989 年）

20 世纪 80 年代末，丰田汽车推出了第一代雷克萨斯 LS 400。这款车搭载 4.0L V8 发动机，速度可达 250 千米/小时，动力性能丝毫不亚于奔驰 S 级、宝马 7 系这样的大牌名车。而且它当时配备着免提电话、全息投影仪表盘等一系列先进的顶级装置。

第五代雷克萨斯 LS 车型（日本，2017 年）

LS 400 仅在美国上市一年多，累积销量就达到了 16.5 万辆，迅速登上了美国顶级豪车排行榜的榜首。

雷克萨斯 ES（日本，1989 年）

ES 是雷克萨斯品牌历史上销量最多、最成功的车型之一。它集舒适、优雅及豪华特性于一身，一直在国际汽车市场上广受好评。面世 30 多年来，ES 已经"进化"到第七代了，每一代都是世人难忘的精品。

雷克萨斯 RX 300（日本，1998 年）

SUV RX 300 乘坐舒适，配置相当豪华，动力性能和操控性能都非常出色。作为一款"城市型 SUV"，RX 300 用骄人的成绩为雷克萨斯扭转了市场颓势。

雷克萨斯汽车的车标外圈同样是一个椭圆，代表地球。中间类似小于号的标志是 Lexus 的首字母。它充分表示出雷克萨斯汽车畅销全世界的愿景。

雷克萨斯 RX 400h（日本，2005 年）

RX 400h 是世界首台混合动力 SUV 车型。它搭载着两颗"心脏"，分别是混合汽油内燃机和电力马达。这意味着与一般的 SUV 相比，RX 400h 的排放量更低，比较节能环保。

雷克萨斯 LX 570（日本，2007 年）

LX 570 整车运用了大量的直线、圆角矩形等设计元素，看起来很有力量感。这款车配备了一台 5.7L V8 自然吸气发动机，功率达 367 马力，越野性能相当强悍。2016 年，新一代 LX 570 整体设计感更强，奢华气息更浓，驾乘起来就如同一艘豪华游艇。

2009 年，代表雷克萨斯巅峰之作的超级跑车 LFA 面世。这款跑车当时全球限量仅 500 辆。

车中明星斯巴鲁

斯巴鲁原本只是一个名不见经传的日本汽车生产商，旗下的公路汽车都不怎么出名。然而，自从结缘赛车之后，斯巴鲁开始进入蓬勃发展期。很快，它通过拉力赛一步一步迎来了自己的鼎盛时代。以至于现在只要一提到拉力赛的历史，人们便会联想到斯巴鲁。

20世纪90年代，斯巴鲁正式与英国Prodrive赛车工程公司成为合作伙伴，共同开启了拉力赛的光辉征途。

斯巴鲁是一个隶属于日本富士重工旗下的汽车品牌，成立于1953年。1958年，斯巴鲁推出了第一款量产车型Subaru360。这款在日本本土深受大众欢迎的微型车为斯巴鲁赚到了第一桶金。

Subaru360

WRC是世界汽车拉力锦标赛（World Rally Championship）的英文缩写。

斯巴鲁（Subaru）Impreza 555（日本，1993年）

Impreza 555是Prodrive专门为斯巴鲁打造的一款拉力赛车。它身型娇小，非常灵活，很适合拉力赛复杂多变的赛道环境。要知道，Impreza 555首次在WRC中亮相，就拿到了亚军。

香槟喝起来！

1995年，科林·麦克雷（Colin McRae）驾驶Impreza 555夺得了车手总冠军的荣誉。也是在这一年，斯巴鲁第一次成为车队年度总冠军。从那以后，斯巴鲁标志性的"蓝-黄"形象深入人心。

斯巴鲁 Impreza WRC99（日本，1999年）

为了应对WRC规则的变化，Impreza进行了"升级"和"改造"。这款Impreza配备着主动差速器和半自动变速器等"秘密装置"。

斯巴鲁车标源于金牛座昴宿星团，象征着斯巴鲁五家公司是个团结的整体，具有强大的凝聚力。

从1993年出征世界拉力赛到现在，斯巴鲁共赢得了47场胜利。

斯巴鲁 Impreza WRC2000（日本，2000年）

从外观来看，WRC2000几乎与WRC99长得一模一样。不过，它们的内部细节却有很大不同。这款Impreza大部分电子和机械零部件都是重新设计出来的，所以，这款车的重量更轻，重心更低，各项性能都更优越。

本田：保持年轻

本田是一个在质疑和挑战中成长的企业，从 CVCC 发动机到讴歌在北美的大成功，这个靠自行车辅助发动机起家的企业已经成长为世界上最大的摩托车生产厂家，汽车产量和规模也名列世界十大汽车厂家之列。本田就像他的创始人一样，有着永不服输和永远挑战的精神。

小发明造就的大神话

"二战"后，本田宗一郎低价购入了一批被遗弃的陆军通信设备上的发动机，改装后将其安装在自行车上，做成了一种新型的"机器脚踏车"。这一设计正好迎合了日本居民的需求，于是大量消费者蜂拥而至，将第一批产品抢购一空。后来宗一郎和自己的朋友河岛在此基础上共同发明了第一台 A 型发动机，这就是最早的本田摩托发动机。

"以速度寄托自己的理想"

1948 年 9 月，本田技术工业研究总公司正式成立，研制出了"理想号"摩托车。经过不断改进，终于在 1961 年的世界最高水平摩托车赛上取得冠军，并且在 1966 年的赛事上垄断了四个级别组的优胜奖。至此，本田从传统摩托车强国意大利和德国手中夺取了市场，奠定了自己的地位。

1965年，本田赛车

本田汽车的车标为一个"带框的H"，看起来如同三弦音箱一般。其中"H"是本田Honda的首字母。

本田赛车的大胜利

1961年本田开始研制高性能赛车，并准备参加世界汽车行业最高水平的F1大赛，虽然第一次参赛结果不尽如人意，但到了1965年，本田赛车已经在欧洲赛场上获得冠军，这意味着日本汽车制造技术已经进入世界先进行列。

CVCC 发动机

为挑战而生的"西比古"和"阿科德"

1970年12月，日本政府颁布了限制汽车废气排放法，法案中的排放标准十分严格。因此，能否发明出合格的发动机，成了汽车产业继续发展的关键。1972年，在其他厂家都一筹莫展的情况下，本田发明出了第一台符合标准的CVCC发动机，并于同年生产了搭载该款发动机"西比古"轿车，次年就生产了"阿科德"轿车，也就是最早的思域和雅阁。

发动机的先驱

发动机是汽车的心脏，掌握了发动机的技术，就决定了在这一行业上的领先程度，本田技术研究所是当今世界汽车业的佼佼者，从CVCC到地球梦技术，本田始终站在发动机技术的鳌头之上，不断革新自己的技术，是这一行业的先驱者。

应用地球梦技术的2015款本田CR-V汽车

本田都有什么车？

本田的发迹是从 CVCC 发动机开始的，作为最早搭载 CVCC 发动机的车型，雅阁和思域一直活跃在大众视野之中，凭借着不断的发展和进步从同类型的车中脱颖而出，到半个多世纪后的今天仍是如此。

本田雅阁 Accord （日本，1976 年）

雅阁 Accord 为了应对能源危机应时而生，属于紧凑型轿车，配置本田当时最新的 CVCC 发动机，在排放标准不断提高的情况下，以低耗油、大空间的优势占领市场，成功为本田敲开美国的大门，得到无数人的青睐，是当之无愧的"开国功臣"。

本田雅阁 EX-R （日本，1981 年）

雅阁 EX-R 定位中端市场，在延续第一代设计理念的同时加入了更多的尖端技术，配置定速巡航、四轮防抱死制动系统、自动水平悬挂系统、12 气门串流发动机，因此它成为美国最畅销的车型之一，并且开始在美国本土生产。

本田雅阁 230 TURBO（日本，2018 年）

2018 款雅阁 230 TURBO 整体看起来十分沉稳大气，给人一种奢华之感。它荟萃了本田不少先进科技，搭载多项智能系统，是当时最具有购买价值的车型之一。

思域 SB1（日本，1972年）

一代思域是为挑战而生的车，是世界上第一辆达到"马斯基法案"标准的车，搭载 CVCC 技术和 1.2L 直列四缸发动机，整体重量只有 615kg，车身长 3700mm，轴距宽 2200mm，是一台不折不扣的小型汽车。

思域 25i（日本，1983年）

三代思域在前代的基础上开创性地提出了"MM"理论，即乘员空间最大化，机械空间最小化，在同级轿车中实现了超大空间，能够给人比较舒适的驾驶体验。

本田八代思域（日本，2005年）

八代思域就是东风本田最初引进国内的思域，2005年法兰克福展览会上正式登场，这代思域风格不同以往，原本圆润的线条变成棱角分明的直线线条，前俯冲车头，大面积大倾角的前风挡造型，极富视觉冲击力。

完美主义者——讴歌

讴歌是 1986 年在美国创立的日本本田汽车公司旗下的高端子品牌，Acura 源于拉丁语中的"Accuracy"，意味着"精确"。而"精准"的含义体现在 Acura 最初的造车理念"精湛工艺，打造完美汽车"。Acura 的中文名称"讴歌"取意：对生活充满自豪和乐趣，人生充满活力，积极向上。

讴歌的成功不仅仅是靠一系列的技术，更在于它深刻了解用户，尽量满足客户的个性化需求，使它不仅是可靠的交通工具，而且具有豪华、舒适的性能。

讴歌 NSX（日本，1990 年）

1990 年上市的 NSX，是一辆全铝制造的高性能跑车，被人们称为"东瀛法拉利"。不过它并不甘于此，次年就在纽北赛道击败法拉利 348，成功为自己正名。

讴歌 RL（日本，1996 年）

RL 其实是本田里程的改名版本，1996 年，为了更正人们"讴歌是讴歌，里程是本田"的思想，讴歌的领导者们决定为它重新命名，日本国内仍称里程，而出口版本则更名为 RL。

讴歌的标志是一个用于测量的卡钳,反映出讴歌精湛的造车工艺和追求完美的理念。

讴歌 MDX1（日本，2000 年）

MDX1 是讴歌在北美推出的第一辆 SUV,大大憨憨的外观和 7 座的空间设计让它深受美国人的喜欢,一经推出就风靡北美市场,稳坐销售冠军席位,变成所谓的"街车"。

讴歌 TSX（日本，2004 年）

作为一款豪华车型,TSX 的线条流畅、简洁,"动作"非常灵敏,不过,它最大的优势是燃油效率比较高。

讴歌 NSX（日本，2018 年）

NSX 是一款十分适合在生活中开的车,坐上就有超跑的感觉。这辆车采用混合动力,设置安静和运动两种模式,安静模式下就是一台混动雅阁,运动模式下就是一款具有 400 马力的超跑,是日本国宝级的跑车之一。

马自达坎坷的"车生"

马自达从三轮车厂起家,一路走来坎坎坷坷,"二战"、石油危机和泡沫经济对它的打击接踵而至,但它从未放弃,一次次从危机中奋起。时至今日,它成为了转子引擎的代名词,在众多品牌中独树一帜,这就是马自达一波三折的奋斗史。

马自达的前身是东洋软木工业,松田重次郎接任社长后改名东洋工业公司。1931年10月,马自达生产了三轮小卡车"马自达号",这成了马自达造车的起点。之后,马自达几经沉浮,先后度过了战争、外国进口车大力冲击等艰难时刻,不过最终,在辉煌一段时间后,它被福特收购。

企业,就必须拿出属于自己的商品——松田重次郎。

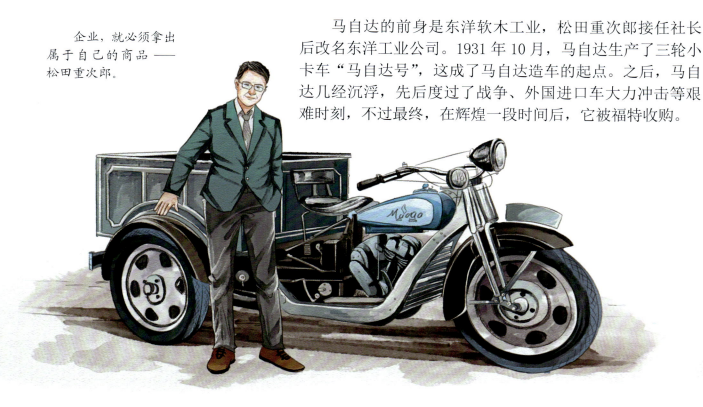

马自达 Cosmo Sport(日本,1967年)

在外国进口车大量进入日本市场的情况下,马自达成功将还不实用的转子引擎实用化和量产化,Cosmo Sport 就是世界上第一款搭配了转子引擎的车。自此,转子引擎成为马自达的标志。

马自达 Savanna RX-7（日本，1978年）

1978年3月，在第二次石油危机和控制尾气排放法案的双重影响下，Savanna RX-7这辆离经叛道的大马力跑车横空出世，这无疑是与当时社会取向相左的，但是它却肩负着汽车企业的梦想在逆境中闪耀登场了。

马自达的新车标中间是一个"M"字样的"海鸥"，象征着企业振翅高飞，走向未来。

马自达 Eunos Roadster（日本，1989年）

20世纪80年代初期，面对日益萧条的轻型跑车市场，马自达的工程师们却逆发出重振轻便跑车市场的梦想。初代Roadster的研发负责人确信马自达必须创造出一款独具马自达风格的商品，于是在"人马一体"的理念下，Eunos Roadster诞生了。

马自达 MX-5 RF（日本，2016年）

MX-5 RF作为一款提供"无穷乐趣"的轻型敞篷跑车，将产品魅力提升到了全新的高度。它是"人马一体"理念的继承者，在内饰、外观设计、工艺品质、功能性和行驶性能方面实现了进一步提升。

日本生产——日产

日产（NISSAN）的名字来源于它的前身：日本产业公司，简单易懂。日产，即日本生产。设计师似乎是想将这种简洁明了的风格贯彻到底，以至于它的标志就是"NISSSAN"放在一个太阳上，充分表达了自己的名称、产地和特点。

1933年12月，日本产业公司，户田铸物公司注册成立汽车制造有限公司，鲇川义介成为首任社长，次年5月更名为日产汽车公司。之后的日产不断寻找和学习国外的先机技术，并推出了DATSUN 210型轿车。此后，日产不断蓬勃发展，不但成了仅次于丰田和本田的日本第三大汽车公司，还成为了世界十大汽车生产公司之一。

因为日产汽车的座椅都十分舒适，就像家里的沙发，所以一直被人称为"日产沙发厂"。

日产阳光2004（日本，2004年）

日产阳光曾是一款日系经典车型。单从它53年的历史我们就能猜想出它曾经有多辉煌。经历半个多世纪，全球累计销量超过了1600万，对于我们来说，只能回顾经典，再也见不到它照耀时代的时刻。

日产蓝鸟310（日本，1958年）

蓝鸟310是日产汽车在DATSUN 210之后，开发出的一个新的轿车产品。这辆车一经上市便引发了争购热潮，第一个月便售出8000辆。

日产 Skyline GT-R（日本，1969年）

GT-R 的出现改变了那个欧美跑车称霸天下的年代。1969 到 1972 年，初代 Skyline GT-R 在勒芒 GT1 大赛上创下了连战 50 场不败的纪录，让欧美跑车颜面扫地。大赛要求 GT-R 负重 140 千克参赛，但它仍然取得了第四的成绩，从此 GT-R 声名大噪，"东瀛战神"名声远扬。

日产汽车的车标比较简约，大圆环代表"太阳"，中间的字符是"日产"的日语罗马音拼写。

日产 GT-R R34（日本，1999年）

《速度与激情2》中布莱恩·奥康纳的爱车。车如其人，帅气的外观，简练硬朗，犀利狠辣；倔强的性格，直列六缸涡轮增压发动机，百千米加速度仅 2.7 秒，它不是最快的，但永远是最令人热血沸腾的。

日产途乐 Y61（日本，1997年）

途乐的第五代车型，外观设计复古硬派，浑厚大气。这代车型凭借着坚固的车身和可靠的性能得到了众多越野爱好者的喜爱，频频出现在越野赛事中，并被联合国维和部队指定为官方用车，具有较高的知名度。

美籍日裔的英菲尼迪

英菲尼迪是日产公司为了拓展北美市场而在美国建立的高端豪华汽车品牌，是一个出生在美国的日本孩子。从起初混乱不着头脑的发展方向，到靠着突破精神走出一条自己的道路，英菲尼迪充分诠释了年轻新厂在竞争激烈的今天的发展之道。

英菲尼迪诞生于1989年，因为旗下汽车设计前卫独特，具有出色的产品性能，所以使其在与宝马、奔驰等品牌的竞争中取得了极大的胜利。2003年，日产汽车公司出台了为期五年的"日产增值计划"，把英菲尼迪的全球推广作为战略举措，开始面向全世界发展。

英菲尼迪 Q45（日本，1989年）

Q45是英菲尼迪的第一款面向北美市场的旗舰豪华轿车，相比同时期的旗舰豪华轿车，Q45在外观设计上更前卫，兼具舒适性与操作性，有着宽大舒适的座椅，是天皇的御用座驾之一。

英菲尼迪 G20 （日本，1990年）

曾在1996年以日裔美制车身份引进国内的英菲尼迪G20，便是早年在国内掀起一阵改装风潮的霹雳马。原厂代号P10的霹雳马，是日产欧洲设计中心的产品，在北美市场改称英菲尼迪G20上市，可归类为第一代G系车，是英菲尼迪的入门车型。

英菲尼迪 QX4（日本，1996 年）

QX4 是日裔美规 LSUV 的始祖，也是英菲尼迪第一款豪华休旅车。作为第一批进入国内的英菲尼迪车，它是当时国内表现最佳的豪华休旅车，而且内饰部分大量的真皮与核桃木饰板，更为它营造出媲美豪华房车的气质。

英菲尼迪车标的两根中间线延伸向前，象征不断前进，挑战无限的道路和信念。

英菲尼迪 Essence（日本，2009 年）

英菲尼迪在自己 20 岁生日之际打造了这款名为 Essence 的混合动力概念车，外形前突后缩的流线型继承了英菲尼迪一贯的设计风格。这款独特的概念车可谓是英菲尼迪 20 周年庆典的最佳贺礼，同时也是英菲尼迪对品牌未来发展的创新之作。

英菲尼迪 QX50（日本，2018 年）

QX50 是英菲尼迪在豪华 SUV 领域的又一力作。它不仅造型大气，细节奢华，搭载性能绝佳的先进发动机，而且还配备智能驾驶辅助系统等一系列的创新技术，是一款有颜值、有内核的科技车。

三菱：独立又统一

三菱重工历史悠久，是横跨数个领域的老牌财团。但是它的汽车制造历史可就没有那么丰富了，从 1918 年生产出第一台车之后，它打了一个 50 多年的盹，直到三菱汽车事业部从三菱重工中独立出来之后，汽车产业才真正步入正轨。

1917 年，三菱生产出第一款汽车 Modal-A。由于初期没有造车经验，导致费用高，质量也不太可靠，所以只生产了二十几台就停产了。三菱真正进军汽车领域是在"二战"后。当时三菱响应"全民车构想"，量产了简单、合理、低价的三菱 500，优秀的稳定性和安全性及可供四人乘坐的大空间让它十分成功，这坚定了三菱涉足汽车行业的决心。1970 年 4 月，三菱汽车事业部从三菱重工中脱离出来，正式组建了三菱汽车工业有限公司。

三菱 Pajero Wagon（日本，1983 年）

帕杰罗这个名字源自一种生活在阿根廷巴塔哥尼亚的山猫，这种动物的深棕色斑纹让它看起来有一种粗犷的野性美。帕杰罗简洁大气的外观恰好将这种美发挥得淋漓尽致。而作为三菱的当家明星之一，帕杰罗在达喀尔拉力赛中的表现也十分耀眼。

三菱 Lancer Evolution Ⅰ（日本，1992年）

1992年，三菱在家用车Lancer的基础上生产了高性能的Lancer Evolution民用版车型，EVO很快就赢得了"最强2.0L房车"的美誉，但由于只生产了5000辆，所以它就成了EVO车迷心中不可多得的"信仰"。

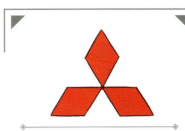

三菱汽车以三枚菱形钻石组合为标志，它寓意三菱有着高超的造车工艺。

三菱日蚀95款（日本，1995年）

日蚀是被低估的一款车，因为它有一个更酷更受欢迎的运动员兄弟，使这匹黑马黯然失色。但它却在美国的加速赛上打败了一众肌肉车。两次改革了美国进口车的文化，是改装车文化的起源和重生。

三菱 EVO Ⅵ TM-V4（日本，1999年）

1996年到1999年这四年间，著名拉力车手马基宁驾驶EVO连续夺得四次冠军，并且帮助三菱世界拉力车队夺得了1998年的车队冠军，为此三菱特别推出了这款特别版，也就是大家常说的六代半EVO。

三菱 EVO X（日本，2008年）

EVO X是高性能车和市场妥协的产物。EVO X更亲民，SST手自一体变速箱让这辆车的门槛变低，显得更友善，让人能更容易驾驭它，使它变得大众化，这也是三菱汽车市场化的象征。

韩国之光——现代起亚

现代和起亚是韩国的两个颇具传奇色彩的公司，起亚是韩国最早的汽车制造公司，现代则将自己发展成了韩国最大的集团，两个集团的合并让其真正变成了世界名品。如今，现代起亚集团已经成为韩国最大的汽车制造商和最大财团，并且成功跻身世界十大汽车制造商之列。

作为韩国最早的汽车工业公司，起亚创造了多个第一：韩国的第一辆自行车、第一台摩托车 C-100、第一辆小型三轮货车 K360、四轮厢式货车 Titan、第一台汽油发动机、第一部采用汽油发动机的乘用轿车 Brisa、第一台柴油发动机。

1967 年成立的现代公司从福特吸收了大量的先进技术和经验，并斥巨资创建新厂，使小汽车国产化达到 100%。生产的小马汽车更创造了销售奇迹，标志着韩国进入了世界汽车工业国的行列，奠定了现代汽车公司的国际地位。亚洲经济危机后，现代集团收购了失去投资偿还可能性的起亚汽车厂，一举成为韩国最大的现代起亚集团。

现代 Poney（韩国，1974 年）

1974 年，现代 Poney 亮相都灵车展。当时现代为了开发自己的车，聘请了英国莱兰的前常务董事乔治·特恩布尔。凭借他开发 Morris Marina 的经验，再加上三菱的发动机和变速箱、福特 Cortina 的零件和意大利乔治亚罗设计的掀背式车身开发出了小马 Hyundai Pony。

起亚 Sportage（韩国，1993 年）

1993 年，起亚正式推出了该车型。得益于与福特和马自达之间的联盟关系，起亚顺利获得了使用马自达 Bongo 平台的资格。在马自达的基础上，起亚拓展出一套分时四驱系统，使它成为当时市场上一款非常受欢迎的小型越野车。

起亚 Retona（韩国，1998 年）

起亚在军用 Jeep KM131 的基础上推出了民用版的车型 Retona，它可以说是起亚家族中最为硬核的一款产品了，民用版重新设计了车头的造型，使它的车头长度有所增加。

现代汽车车标既像方向盘，又像地球，表达了现代汽车必将遍布世界各地的雄心。

起亚的车标以"KIA"为主体，象征起亚汽车崛起于亚洲，走向世界。

第五代 现代 Sonata EF-B（韩国，2001 年）

第五代 Sonata 拥有"花生灯"等全新设计，看起来比自己的"哥哥们"更加大气、沉稳。在内饰及一些配置、系统上，它也要奢华、先进得多。

现代雅科仕 2014（韩国，2014 年）

雅科仕是来自现代的大型豪华轿车，代表着现代汽车设计和制造的最高水平，采用方正保守又见古典的造型风格。动辄上百万元的高昂售价，让雅科仕成为了小众的富豪座驾。

彪悍的双龙

1950年，韩国河东焕汽车与美国威利斯合作，以 M38A1 为基础车型生产军用吉普。河东焕后来改名为东亚汽车，并购专门生产 SUV 的巨和汽车，最后成为双龙集团，20 世纪 80 年代被指定为韩国国防用车生产企业，成为韩国军用 JEEP 最大供应商。

双龙是韩国越野车的领头羊，在与当时的行业翘楚 AMC 汽车公司签订技术合作条约后，双龙进入了事业上升期。此后与德国奔驰在小型车及柴油发动机上进行的技术合作，更成功将世界柴油动力技术向前推进了一大步。后来，享御、爱腾、雷斯特 II、新主席 Newteck 和 06 款路帝相继上市。现在的双龙汽车已具有全系列 SUV 车型和顶级的豪华轿车，并在全球 60 多个国家建立销售网络，发展成了和 JEEP、路虎并驾齐驱的专业 SUV 生产企业。

双龙 Korando Family（韩国，1988年）

科兰多（Korando）商标的推出加速了双龙走向世界的脚步，这部多功能四轮驱动车承继了传奇性军用吉普车的精髓，具备优异越野性能和舒适行路表现，在韩国和国际市场引起强烈的震撼，上市不久就出口到欧洲、日本等市场。

双龙 Musso Widebody（韩国，1993年）

Musso 是一款样式独特、性能杰出的 SUV 运动型多功能车。它虽是皮卡却具有双驾驶室，可供 5 个成年人乘坐，拥有客货双用的优势。同时具有良好的内饰质量和一些平时在轻型皮卡中看不到的优质材料。

双龙汽车的车标源于一个美丽的神话故事。企业名称的首字母"S"被设计成了一个抽象的"8"字。就好像飞舞的龙一样,预示双龙汽车能够"扶摇直上",创造辉煌佳绩。

双龙雷斯特 Y200（韩国，2001 年）

雷斯特是在梅赛德斯奔驰M级的基础上生产的一款运动型多功能车。创造性地将轿车的操纵融入到强大的越野能力中,从而提供了安静的驾驶性能。雷斯特由乔治亚里的意大利设计工作室设计,开拓了韩国新概念SUV市场,引导了韩国SUV产业的繁荣。

双龙主席 CM600L（韩国，2007 年）

双龙主席在新造型上完全摆脱了20世纪90年代奔驰S级或E级棱角分明的造型。相反,从流畅的C柱与A柱的过渡甚至有些新一代奔驰E级W211的感觉,不过奔驰车固有的稳重大气和四平八稳的造型精髓还是得到了保留。

双龙新一代 TIVOLI（韩国，2019 年）

新一代TIVOLI是一款实用的中小型运动休旅车,自上市以来口碑一直不错。比较特别的是,新TIVOLI与旧款车相比,不但动力性能提高了一大截,整体气质年轻许多,而且安全配置也更先进。

一汽：力争第一

"一汽"是中国汽车工业的摇篮，它开创了中国"从无到有"的汽车历史，曾承载着无数国人的希冀。昂首走过60多年的风雨征程，一汽的面貌发生了翻天覆地的变化，不但产品结构逐渐涉及多个品种、多个系列，企业规模慢慢变大，而且自主生产的汽车还走向了全世界。

以卡车为开端

1949年以前，国内汽车一直依赖进口，而且品牌混杂，所以，中国被戴上了"万国汽车展览馆"的帽子。为了改变这种现状，1949年后，政府决定振兴民族汽车工业。1953年7月，在苏联的帮助下，中国开始在吉林长春建设汽车厂。1956年7月，"第一汽车制造厂"正式建成投产，中国从此彻底结束了无法批量生产汽车的历史。

作为标志性汽车，解放CA10还曾参与过1956年的阅兵仪式。

乘东风，展红旗

有了第一辆卡车还不够，全体一汽人继续努力，克服种种困难，最终在1958年5月成功制造出了中国第一辆国产轿车"东风CA-71"。可因为技术水平有限，东风CA-71存在一些问题，并没有量产。但一汽人没有放弃，他们以一辆克莱斯勒轿车为蓝本，用短短的33天时间纯手工打造出了一款"红旗"轿车，所以，国人当时才能在建国十周年的庆典上一睹它的威武雄姿。

20世纪60年代以后，红旗轿车逐渐成为接待外宾的高级礼仪之车。

一汽大众成立后生产的第一款汽车捷达 A2 轿车。

走进新时代

一汽自诞生之日起,就带有无数光环。它与国家同呼吸,共命运,并借助改革开放的浪潮发展壮大起来,成为中国汽车行业中最具实力的龙头。随后,它陆续与一些国际汽车公司开展合作,建立起一个又一个生产基地;2011年,中国第一汽车股份有限公司成立;2017年,公司改制正式更名为"中国第一汽车集团"……就这样,一汽用一页一页崭新的履历继续向前迈进着。

庞大的阵营

经过 60 多年的努力奋进,一汽已经变成了一个资产数千亿元的商业帝国,业务范围覆盖近 50 个国家,产品包含多个系列,自主品牌与合作品牌的阵营越来越大。与此同时,一汽始终不忘与时俱进,在新能源汽车、智能网联汽车等领域都取得了诸多成就。

一汽新能源汽车 DEV1

解放创世

在中国汽车史册的第一页,有个品牌的名字赫然在列,它就是我们俗称的"老解放"。可以说,"解放"就像一把钥匙,彻底打开了中国尘封多年的科技枷锁,使中国进入了全新的汽车时代。今天,解放在历经岁月磨砺之后,仍旧以绝对的实力稳居中国商用车、卡车的榜首。

第一批解放牌汽车 CA10

解放 CA141(中国,1986 年)

CA141 是第二代解放卡车,凝聚着很多一汽人的心血。与第一代卡车相比,它造型美观,视野开阔,驾乘舒适,最重要的是性能等方面有了很大的提升。

解放 J3CA150PL2(中国,1995 年)

除了长着一个"平头"外,这系列车型尤为特别的一点是车内藏着一颗柴油机"心脏",因此它的动力性能更优越。

解放 J4（中国，1997年）

进入20世纪90年代中后期，解放汽车开始向中、重型卡车方向发展。于是，一汽适时推出了J4系列。它安装着德国道依茨发动机，载重量足足有9吨。

"解放"汽车由毛泽东主席亲自命名，当时车头所用的字体来自毛主席为《解放日报》所题写的"解放"二字。

解放汽车的新车标以"一汽"为核心，形似一只翱翔在天际的雄鹰。

解放 J5（中国，2004年）

随着时间的推移，远距离重载物流逐渐发展起来。在此基础之上，一汽顺应运输市场趋势，精心研造出了第五代解放车型。J5各项性能都比较"拔尖"，丝毫不亚于一些知名的欧洲重卡。此后，解放开始成为国际重卡市场中一个强有力的竞争品牌。

解放 J6（中国，2007年）

J6兼具以往车型的优点，并采用了数百项创新技术，是一汽人自主研发的智慧结晶。与此同时，它也代表着中国重卡的尖端水平。

红旗飘扬

对很多人来说，红旗就像一颗凝聚国人自强信念的火种，蕴含着特殊的民族情怀。它从激情燃烧的年代走来，既创造过辉煌的历史，也经历过难言的低谷，作为中国轿车工业的"领路人"，它的精神却从未被人们遗忘过。

红旗CA72（中国，1959年）

CA72拥有颇具设计感的扇形格栅和灯笼状尾灯，整体造型大气庄重，典雅又不失精致。比较特别的是，CA72当时配置着先进的水冷式V8发动机，这使得它的功率高达200马力。

1960年，红旗CA72还曾亮相日内瓦展览会和莱比锡国际博览会。

红旗CA770（中国，1965年）

CA770在外观方面已经彻底摆脱了他国汽车的影子，无论线条还是细节，看起来都十分协调，比较符合中国人的审美标准。而且，这款车的实用性和动力性也提高了不少。

1969年，一汽还研制出了CA770的衍生车型CA772。CA772安装着防弹玻璃、防弹装甲车身及特制轮胎，安全系数超高。

红旗 CA7220（中国，1996 年）

经历了一段艰难的停产岁月后，红旗复产之车 CA7220 诞生了。这款车匹配着克莱斯勒 488 发动机和奥迪 100 的车身，上市后大受欢迎，销量非常不错。

红旗汽车原本有两个车标。一个是简单明了的红旗二字，还有一个是"迎风飘扬"的红旗标志。不过，近年来，红旗推出了更加大气、尊贵的立体盾形标志。

红旗 HQE 概念车（中国，2009 年）

HQE 是红旗汽车历史中非常重要的一款独立研发的车型。它采用纯手工打造的全铝车身，配备自主研发的 V12 发动机，功率高达 400 多马力，各项性能都非常出色。

红旗 H7（中国，2014 年）

作为一款自主研发的高档轿车，红旗 H7 一面世就备受瞩目。事实上，它也不负众望，在动力性能、舒适度及科技配置等方面，优于很多同级别车型。

奔腾向上

虽然与"解放"和"红旗"相比,奔腾还算是个初出茅庐的"晚辈",但它凭借出色的品牌号召力和精益求精的品质,短短十几年间就成长为一汽重要的"金字招牌",并迅速跻身国产汽车品牌的前列。时至今日,奔腾已经变成了人们眼中的国产汽车"代言人"。

奔腾 C301(中国,2006 年)

为了实现完全自主制造、研发轿车的梦想,一汽集团倾心尽力打造出了 C301。这个系列的车型各方面的配置比较齐全,都是自动挡,而且价格比较亲民,一般消费者都能买得起,所以销量十分可观。

2008 年,在一汽发布奔腾将以"B"为产品系列标识,并根据车型大小划分为不同系列以后,C301 的名字变为"B70"。

奔腾 B50(中国,2009 年)

B50 的模样看起来和 B70 差不多,可它和自己的"大哥"市场定位有所不同。B50 是一款经济实用的紧凑型轿车,它的空间大而且排量比较小,非常适合一般的家庭使用。

奔腾 B90（中国，2012 年）

B90 是一款兼具颜值和品质的中高端旗舰车。它不但造型具有独特魅力，采用一系列的制造工艺和先进科技，而且还是奔腾首款搭载 T 动力的车型。

T 动力的意思是，汽车的发动机运用了涡轮增压技术，这种技术可以提高发动机的动力性能。

2018 年，奔腾汽车开始使用全新的车标"世界之窗"。这扇"窗"连接着消费者、全世界及奔腾的未来。

奔腾 X80（中国，2013 年）

X80 是奔腾在"SUV"领域积极探索的产物，它的出现标志着奔腾彻底告别了单纯制造轿车的时代。X80 的动力优势十分突出，导航系统、电子手刹等先进配置一应俱全，深受广大消费者的喜爱。

奔腾 T99（中国，2019 年）

T99 搭载 2.0T 发动机，配置 8 速手自一体变速箱，在动力方面非常优秀。此外，无论造型、细节，还是格调及科技感等方面，T99 都表现得十分出众。

产自北京

1958 年北京汽车厂成立，由朱德元帅亲笔题写厂名。这是继长春第一汽车制造厂之后我国兴建的第二家大型汽车制造企业，堪称中国汽车工业的先驱和北京汽车工业的摇篮，是中国汽车工业的骄傲。

北京汽车建厂以来，生产的车型有多款作为阅兵检阅车出现在大众视野中，可谓是"检阅车专业户"，见证过一个又一个重要的历史时刻。

北汽井冈山（中国，1958 年）

1958 年，作为当时国内汽车工业的"二把手"，北汽潜心研制出了"井冈山牌"汽车。这款车的功率有 36 马力，最高速度可达 110 千米 / 小时。正是它，彻底拉开了北汽汽车制造的大幕。

北京 BJ-136（中国，1985年）

BJ-136是北汽在原BJ-130车型的基础上推出的新型卡车。不过，它当时套用的是五十铃车型的驾驶室和发动机。至此，BJ-136代替风光了十几年的BJ-130走上了历史舞台。

1983年，北汽与美国汽车公司组建了中国汽车历史上的第一家合资企业——北京吉普汽车有限公司。

北汽以"北"字为核心，设计出了既像大门，又像跳舞人的车标，充分体现了北汽开放包容及"以人为本"的精神。

北汽汽车有时也采用新的字母式车标，相比较而言，它更加时尚、年轻、大气。

北汽勇士（中国，2005年）

北汽勇士的棱角分明，外观稍显粗犷，但看起来却霸气十足。这款车集各种经验、技术于一身，性能卓越，各方面表现都不俗。因此，大量北汽勇士"投身军营"，成了部队专用军车。

北京 BC301Z（中国，2010年）

2010年岁末，北京汽车首款自主品牌轿车BC301Z顺利下线，作为北京汽车自主品牌的开山之作，BC301Z秉承了欧洲科技、安全、环保的设计理念，整合了全球采购和制造资源，打造具有高起点的工艺质量水平，树立起了同级别车型的品质标杆。

北汽绅宝

2009年12月14日，对于中国汽车史来说是有重要历史意义的一天，北京汽车完成了对瑞典萨博汽车相关知识产权的收购工作。北汽绅宝在此基础上诞生，它对萨博技术消化、吸收和创新，生产我国的自主汽车，开辟了中国汽车行业的新局面。

北汽绅宝（中国，2013年）

在注册绅宝品牌后没多久，北汽推出了第一款拥有自主知识产权的车型——绅宝。这款车车身线条流畅，前脸酷似飞机的螺旋桨，具有强大的运动基因，所以深受欢迎。

北京BJ40（中国，2013年）

BJ40是国产硬派越野车的代表作品，越野世家复兴力作。一上市便震动了整个越野车市场，凭借过硬的品质树立专业越野新典范。2017年7月，北京BJ40参演电影《战狼2》，刷新了华语票房电影纪录。

北京 BJ80（中国，2016 年）

北京 BJ80 车身线条硬朗，不怒自威，再加上"北京"汉字车标，中国味儿十足。2017 年 7 月和 8 月，BJ80 荣膺香港回归 20 周年阅兵和建军 90 周年阅兵盛典的阅兵检阅车，是中国高端越野车的扛鼎之作。

北汽 EH400（中国，2016 年）

在北汽 100 万辆盛典活动中，北汽新能源 EH400 正式下线，而这也正是北汽第 100 万辆下线的车型。该车基于绅宝旗舰车型 D80 打造，采用纯电力驱动，续航里程最高可达 400km。对于电动车来说是相当优秀的续航能力。

北汽 EX360（中国，2017 年）

新能源纯电动国民 SUV，让更多的消费者能够选择方便环保的出行工具，续航能力远超同级车，驾驶体验安全丰富，是北汽新能源对于节省能源、改善环境做出的又一次努力尝试。

出自上海

近年来，随着自身实力的进一步增强，上汽集团早已从曾经的"中国四大汽车厂商之一"变为中国第一大汽车制造商。不仅如此，它还走出国门，与各国汽车厂商合作，成了一家名副其实的跨国企业。而今，上汽以王者姿态"统领"着中国汽车市场，继续创造着属于它的历史。

1958年9月28日，第一辆凤凰牌轿车在上海汽车装配厂试制成功，实现了上海汽车工业轿车制造"零"的突破。改革开放以后，上汽抓住机遇，在1984年与德国大众集团签订协议，成立了上海大众汽车有限公司，正式开启了崛起之路。

凤凰牌轿车

上海牌 SH760（中国，1963年）

早在1958年，上海汽车制造厂购买了一辆奔驰220S，然后对其进行了全方位的拆解和研究。到1963年，上海汽车生产出了第一辆真正意义上的"上海牌轿车"，并定型为SH760型。上海牌SH760型汽车是面向普通消费群体的第一款纯国产的量产车型。

2007年，上汽并购南京汽车之后，名爵品牌自然而然地成了上汽的"一分子"。

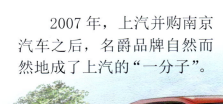

简约但霸气的MG车标。

名爵MG6（中国，2019年）

2019款名爵MG6最具个性的特征就是采用了大量熏黑套件，这种设计让它的运动气质得到了提升，给人的感觉就像一位年轻且勇猛的悍将。

上汽荣威的车标主体是两只站立的狮子，具有贵族格调和古典气质，辨识度颇高。

除了MG，上汽还有一个自主品牌——荣威。RX5可以说是荣威历史上最具代表性的车型之一。

上汽大通新车标

上汽荣威RX5（中国，2016年）

作为一款充满科技元素的互联网SUV，荣威RX5采用了多个智能系统，动力强劲且驾乘品质一流，所以一上市就成了"爆款"，成为引领汽车消费潮流的"热度车"。

大通MAXUS D60（中国，2019年）

MAXUS D60是上汽子公司大通汽车研制的一款中型SUV。这款车的设计亮点多多，尤其是造型显得"独具匠心"。那流畅的线条、满天星式的前脸，着实吸引眼球。

合资品牌

桑塔纳 87（中国，1985 年）

桑塔纳 87 就是国内每个老司机都津津乐道的"老普桑"，1985 年引进国内由上海大众汽车公司进行生产。这一生产就一直持续了 20 多年，"老普桑"当年红极一时，在中国的道路上随处可见。

桑塔纳 2000（中国，1995 年）

桑塔纳 2000 是上汽大众为了适应和满足市场需求推出的新一代桑塔纳车型，是桑塔纳 87 的升级版。该车一面市，便迅速占领了国内公务、商务用车的市场，铺天盖地的桑塔纳成了世纪末的一道亮丽风景线。

在桑塔纳大获成功后，上汽决定再以合资形式引进一款中高档汽车。于是开始与通用、福特等公司接触，并最终选择与规模和技术都更为合适的美国通用合作，生产造型大气稳重的别克新世纪汽车。在有了面向中端和中高端市场的别克后，上汽又相继推出了面向豪华市场的凯迪拉克及面向普通消费者市场的雪佛兰，包揽了各个级别的汽车类型。

别克 君威（中国，2002 年）

这是一部中高档轿车，充满时代感的外形、人性化的精致内饰和豪华的高科技配置，充分显示出对成功人士的尊重。设计风格大气而现代，驾驶体验平顺且舒适，别克君威沉稳内敛，富有品位。

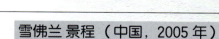

雪佛兰 景程（中国，2005 年）

2005 年进入中国市场后，雪佛兰作为入门车，靠着皮实耐用的质量、低廉的维修费和合理的价格，获得了大批消费者的喜爱，成功帮助上汽拿下普通消费市场，时至今日，雪佛兰的众多车型仍是人们的购车首选。

斯柯达 Octavia（中国，2007 年）

作为上汽斯柯达首款车型，它做到了与欧洲同步，秉承了斯柯达百年的悠久历史及德国大众领先的造车技术，汇集众多国内先进的技术和装备，在进行了大量的本土化改进之后，成为了同款车中最具备竞争力的车型之一。

凯迪拉克 SLS 赛威（中国，2006 年）

SLS 赛威是在凯迪拉克 STS 基础上中国化加长后的车型。它继承了凯迪拉克一贯的优秀品质，做工细腻考究，外观豪华尊贵，是为高端商务人士打造的豪华商务轿车，功能便利，驾驶安全，十分切合受众要求。

大众辉昂（中国，2016 年）

辉昂是大众的首款中大型车，不论外观设计还是精致的造型结构，都显示出团队精益求精的匠心精神。前脸凌厉，尾部简洁，加上高档的内饰配置，让这款车的体验十分舒适，尽显低调豪华。

来自广东

中外合资企业在一段时间内是我国汽车企业的主流发展方式。改革开放后，中国曾多次向外国汽车企业抛出橄榄枝，但日本汽车企业却因对中国市场的误判而失去了先入为主的优势。直到加入世贸组织之后，国家解除不少限制，推进市场竞争和私家车的普及。谨慎的日厂才终于发力，大步进入中国市场。

广汽丰田是幸运的，在中国汽车发展的黄金十年，它没赶上早集，却搭上了末班车。2004年，丰田瞅准了地理优势得天独厚的广汽集团。2004年6月在广州市举行广州丰田汽车有限公司《合营合同》与《章程》的签字仪式，9月便正式宣布广州丰田有限公司正式成立。2008年正式更名广汽丰田。

凯美瑞（中国，2006年）

作为丰田的杀手锏，凯美瑞的推出被认为是2006年我国汽车产业最重要的事件之一。凯美瑞是广汽丰田发展史上最重要的里程碑，对于广汽集团和丰田母公司的战略发展，甚至中国的汽车产业都将贡献举足轻重的力量。

雅力士（中国，2008年）

雅力士是丰田顺应世界汽车小型化潮流开发的产品。但是因为外形太过女性化，使得它受众单一，而且过于丰富的配置又让它的售价居高不下，加上小型车对消费者的吸引力确实不够大，所以市场反应相对冷淡。

汉兰达（中国，2009年）

2009年最受期待的广汽丰田车型当属汉兰达了。5月25日，广汽丰田第二车厂暨汉兰达下线仪式对丰田来说是一个新的起点。汉兰达的出现改变了国内SUV市场"局部亮点不断、整体无甚波澜"的局面。

广汽本田汽车有限公司于1998年7月1日成立，它是由广州汽车集团公司与日本本田技研株式会社合作共同出资组建的合资公司。建厂至今，先后推出了雅阁、奥德赛、飞度、锋范及自主品牌理念系列等多款汽车。

广汽本田飞度（中国，2004年）

飞度的历史可追溯到20世纪80年代，它的名字最早作为本田City车型的一个套件出现，进入21世纪后，本田又将旗下的小型车命名为飞度。一经推出就受到市场的广泛认可，2020年荣登日本年度销量冠军宝座。

广汽本田理念S1（中国，2011年）

作为一款新车型，理念S1的"新"更多是体现在品牌价值而不是车型的创新上。理念S1延续了广汽本田的技术和创作理念，是第一款由合资企业的本土研发团队独立研发，并拥有独立品牌和知识产权的产品。

传祺是广汽集团为了提高核心竞争力而研发的自主品牌,2010年12月,首款传祺GA5轿车成功推出市场,随后陆续推出多款车型,在技术、配置和品质等各个方面都具备了与同级别品牌一较高下的能力。

接下来,传祺GS4、GS7相继在北美车展全球首发,成为北美车展百余年历史上首个进入主展馆的中国品牌。2014年,传祺全系车型参演电影《变形金刚4》,在其中表现抢眼,足以彰显广汽传祺的质量已经得到了世界的认可。

2017年在北美车展上亮相的传祺GS7

广汽传祺GA5（中国，2010年）

GA5不仅内部空间宽敞,大气的外观也符合商务车的气质,在模仿成风的国产车市场上,始终坚持自主创作,造型独一无二。GA5刚刚问世便在2010年16届亚运会上成为官方指定的接待用车。

传祺车标的灵感来自广汽集团英文缩写"GAC"中的字母"G"。同时它包括全球化、卓越、荣耀等多重含义。

广汽传祺 E-jet（中国，2014年）

传祺的新概念车型，外形一改以往汽车的制式造型，极富创造性，流线型的车身和前倾的头让它看起来运动感十足，而短小上翘的车尾则干脆利落，丝毫不拖泥带水。

广汽传祺 GS4（中国，2015年）

GS4 定位于国际新派 SUV，造型前卫，凭借低油耗和不俗的动力系统成为消费者购买汽车的优先选择。占到传祺总销量的 50% 以上的业绩让 GS4 成为传祺的销量代表。

广汽传祺 GM8（中国，2017年）

GM8 是广汽传祺重磅打造的一款奢华型 MPV 型汽车。它具有典型的商务风格，无论造型、内饰还是性能，都堪称一流，可以赋予驾乘者全方位的感官享受。

生于重庆

中国重汽是一个有着深厚底蕴的老品牌,2018年是中国重汽前身济南汽车制造厂诞生60周年。回顾60年历史,中国重汽用它的成长和经历为济南的建设发展添砖加瓦的同时,也讲述了自身在中国商用车产业发展中的点滴进程。

1956年,中国重汽的前身济南汽车制造总厂成立。1960年,中国首辆重型汽车在这里诞生。1990年,它与其他相关企业几经重组、合并,变身为中国重型汽车集团公司。

重汽黄河JN150（中国，1960年）

黄河JN150是一个令国人骄傲的车型。在当时一无所有的艰苦条件下,济南汽车制造总厂全体人员披荆斩棘,为新中国打造出了第一辆重型卡车。它结束了中国不能生产重型汽车的历史。

重汽黄河JN252（中国，1977年）

翻阅重汽的产品史,会发现重汽有着悠久的军车历史。在这些军车里,黄河JN252是最负有盛名的产品之一。在我国国防建设的重要时期,黄河JN252型8×8军车的成功研制,为国家"两弹一星"的成功做出了重要贡献。

重汽豪沃 7（中国，2004 年）

2004 年，中国重汽豪沃重卡下线，这是中国重汽在与沃尔沃进行合作之后生产的第一部重卡，代表着中国重汽复兴之路一步步地稳步向前。豪沃重卡的成功，从另一个角度说明了中国重汽开始逐渐走向一条新型发展道路。

中国重汽的车标由三个向心的图形组成，它代表当时几个组合到一起的企业团结一致的精神。这个标志一致沿用至今。

重汽斯太尔王（中国，2002 年）

2002 年底，凭借斯太尔王车型的成功，重汽重新稳定了市场地位。不过斯太尔王的历史意义远大于市场意义，它对于新重汽而言是一个新的标志，标志着中国重汽在坚持技术领先、自主创新方面取得了新的进展。

重汽汕德卡 T7（中国，2010 年）

进入 21 世纪的第二个十年，中国重汽同德国曼恩商用车达成进一步合作协议，开创高端品牌汕德卡（SITRAK）。新品牌的成立令重汽产品线进一步扩大，等到豪沃轻卡项目落实后，重汽在商用车的产品上实现了进一步的全方位覆盖。

东风浩荡

十堰是东风汽车事业的发源地,东风汽车在这里经历了多次改革与进步。50年前,第二汽车制造厂在这里选址,发展起军工事业,在既没资源又没技术的情况下造出了EQ240车型。此后,二汽"由军转民",正式进军民用车市场,开始了东风的辉煌。

东风汽车集团由中国第二汽车制造厂发展而来。2017年,在多次更名之后,它正式变为"东风汽车集团"。历经半个世纪时间的洗礼,东风汽车集团已变成了中国数一数二的大型汽车企业,主营汽车制造、零部件加工及汽车装备等多方面业务。

东风 EQ140-1(中国,1978年)

EQ140-1是东风真正意义上的第一款中型卡车,它树立了东风汽车的第一座里程碑,标志着东风正式登上了创造市场效益、推动汽车业高速发展的大舞台。

这款车让当时的"二汽"扭亏为盈,为东风的发展壮大奠定了坚实的基础。

东风 EQ153(中国,1990年)

俗称"八平柴"的EQ153重达8吨,是东风由长头车转向平头车,载重由中型向重型发展的经典产品。这是我国生产的首款八吨平头柴油车,它填补了我国卡车品牌"缺重"的空白。为东风后续开发重型车提供了技术支持。

神龙富康988（中国，1996年）

1996年，根据我国实际需求，神龙公司开发出了为中国市场量身定制的富康988。作为东风实施合资战略后打入市场的第一批车型，富康成功地敲开了千家万户的门，与桑塔纳和捷达一起并称轿车"老三样"，成为一代人的记忆。

东风汽车的车标是醒目的双飞燕标志。它代表东风能像飞鸟一样翱翔并冲向广阔的蓝天，寓意东风自强不息的精神。

东风风神AX7（中国，2014年）

AX7定位于紧凑型SUV，其整体造型非常丰满。新车前脸线条硬朗，尾部黑色样式扰流板与双边两个方型排口相组合的造型较为新颖。作为东风风神SUV的顶梁柱，AX7自2014年上市以来，收获了超过20万客户的良好口碑。

东风风神D53风神奕炫（中国，2019年）

奕炫采用交互几何美学设计，线条和曲线让奕炫更显饱满，不仅提高了视觉体验，也降低了风阻，欧洲双料冠军底盘和低重心的整车布置更彰显了奕炫蓄势待发的跑车基因。车标从双飞燕换为代表古希腊神话中风神的"AEOLUS"，让这辆车更具文化沉淀。

为"长安"而生的长安

长安汽车的历史悠久，资历丝毫不亚于一些进口汽车品牌。一路走来，它始终在岁月的大潮中奋楫前行，用敢于突破自我的勇气和一往无前的精神创造了一个又一个历史，取得了很多辉煌成就。可以说，它是当之无愧的"国产汽车一哥"。

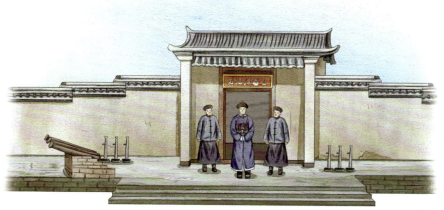

长安汽车的历史始于轰轰烈烈的"洋务运动"。1862年，洋务运动的发起人之一李鸿章创办了中国最早的兵工厂——上海洋炮局，这便是长安汽车的前身。后来，上海洋炮局"辗转"多地，最终"落户"重庆。新中国成立后，它改制成为重庆兵工厂，于1958年开始生产汽车。1984年，这家军品企业正式踏足汽车行业。

长安长江46（中国，1958年）

1958年，长安机器制造厂（长安汽车前身）在技术落后、资金不足、材料匮乏的条件下，研制出了中国第一辆越野车——长江46。它当时搭载2.2L直列四缸发动机，速度可达115千米/小时。但因为技术有限，长江46存在没有倒挡等问题。不过，经过改进，这款车得到了普遍认可，到停产时共生产了1300多辆。

长安SC112（中国，1984年）

长安机器制造厂在与日本铃木公司达成合作意向后，推出了SC112汽车。这是一款微型厢式货车，又经济又实用，因此一面世就迅速引爆市场，引得人们争相抢购。

与长安SC112同时下线的还有SC110微型载货汽车，它当时同样得到了人们的广泛认可。这两款汽车的诞生，标志着长安机器制造厂开始从军工企业向民用车生产企业转变。

长安之星（中国，1998年）

这款微型厢式汽车基于日本铃木"Carry"生产而来，它不仅价格低廉，而且实用性出众。不过，因为结构有些单薄，长安之星当时遭到很多人的质疑。但幸运的是，在清华大学举行的一次碰撞试验救了它。自此之后，长安之星彻底赢得了消费者的认可。

长安汽车的车标主体是"矛盾组合"，兼具古典与现代美。

1995年，长安厂与江陵厂合并为"长安汽车有限责任公司"。1996年，重庆长安汽车股份有限公司成立。

长安之星是中国首款通过安全碰撞测试的微型车，而这次试验也被称为"挽救中国微型车命运的第一撞"。此后，长安之星一路高歌猛进，到2005年11月，正式突破300万辆大关。

长安奔奔（中国，2006年）

长安奔奔是长安汽车推出的首款自主品牌家用轿车。它车型非常小巧，看起来精致又时尚，十分适合那些追求潮流的年轻人。尤为吸引人的是，这款车的售价还不到5万元，所以深受大众欢迎。

2006年，马自达汽车公司入股长安福特汽车有限公司，自此，公司归三方所有，公司也更名为长安福特马自达汽车有限公司。

长安杰勋（混合动力）（中国，2008 年）

杰勋混合动力出租车是长安汽车为北京奥运会特地打造的。它同时搭载一台电动机和一台 1.5L 的汽油发动机，具有节能环保等显著优势。只可惜，因为市场低迷等原因，它很快就停产了。

长安悦翔（中国，2009 年）

悦翔拥有靓丽的外形，同时在很多细节上又不乏独特的设计元素，因此凭借"颜值"征服了众多消费者。更重要的是，它的价格同样非常亲民，所以才会获得市场认可，让长安汽车一改之前车型销量低迷的局面。

2009 年，长安投资建设了垫江综合试验场。这个试验场面积足有 3360 多亩，包括高速测试道路、基本性能测试道路、复杂路况道路及特殊性能测试道路等，是一个综合性的汽车研发和性能检测的公共服务平台。

长安逸动（EADO）（中国，2012年）

逸动搭载1.6L发动机，功率高达124马力，是一款各项性能都十分优越的紧凑型轿车。它第一次亮相法兰克福车展，就引发各方关注。量产之后，逸动以过硬的品质迅速抢占中低端紧凑型家用车市场，成为人们津津乐道的热销车型。

长安欧力威（中国，2013年）

作为长安首款多功能小型车，欧力威无论是在外观、内饰，还是动力配置等方面都很出色。它充分丰富了长安商用车的产品线，为长安汽车的全面发展奠定了坚实的基础。

长安CS75（中国，2013年）

CS75是长安倾力打造的一款紧凑型SUV。它的整体造型颇具时尚气息和写意的美感；内饰十分精致奢华，充分彰显了格调和品质；空间较大，乘坐舒适。此外，CS75还有科技配置齐全、动力输出稳定顺畅等一系列亮点。

年轻的长城

说起国内汽车品牌，有一个名字不得不提，那就是长城。作为中国自主品牌的重要代表，长城的发展历程只不过有短短的 30 几年，可它却凭借超凡的实力，在经济腾飞的热潮中，屡创佳绩，一跃成为中国 SUV 及皮卡的领导者。潜心造车，深耕细作，年轻的长城所迈出的每一步都是在创造历史。

1984 年，现任长城汽车掌门人魏建军的叔叔创建了长城工业公司。当时长城的主要业务是从事汽车改装服务。1989 年，因为各种原因长城濒临倒闭的边缘，这时，酷爱汽车的魏建军将其承包了下来。1995 年，河北长城集团有限公司正式成立。后来，魏建军顺应市场需求，不断转变经营策略，这才让长城的状况一天天好转，直至发展成今天的业界龙头。

长城 CC1020（中国，1996 年）

CC1020 是第一批长城轿车，售价 10 万元。虽然这款车是手工拼装起来的，可销量却非常喜人。就是它为长城赚取了"第一桶金"。

长城迪尔（中国，1996 年）

在充分借鉴国外皮卡的成功经验后，长城抓住时机，推出了"迪尔皮卡"。迪尔皮卡的品质过硬，售价便宜，被称赞是"皮卡界的捷达"。于是，它很快打开了市场，并在市场中站稳了脚跟。

1997年,长城皮卡首次出口中东,拉开了中国汽车进军海外市场的大幕。

长城汽车的车标中间是万里长城的烽火台形象,具有典型的中国传统文化特征。此外,我们从中还能看到"箭头"和"立体1",这蕴含着长城汽车"永争第一,无坚不摧"的企业精神。

长城赛铃(中国,2001年)

和"前辈"迪尔相比,赛铃的车身尺寸略大,制造工艺也更加精细。特别的是,赛铃分为汽油、柴油两种,可以满足消费者的不同需要。它的面世,进一步巩固了长城汽车在"皮卡界"的至尊地位。

长城赛弗(中国,2002年)

赛弗是长城汽车的首款SUV车型。它继续秉持长城皮卡的市场策略,凭借超高的性价比和亲民的价格赢得了广大消费者的青睐。要知道,这款车一经推出就进入了当年中国SUV销量排行榜的前三名。

长城哈弗CUV（中国，2005年）

哈弗CUV外形时尚，配置丰富，且越野性能十分突出。它上市以后，一路领跑SUV市场，赢得了人们的广泛赞誉，被称为"最受欢迎的城市全能车型"及"最受欢迎的国产SUV"。

长城风骏（中国，2006年）

风骏是国内第一款高端皮卡，生产过程中应用了一系列的尖端技术。此外，霸气的造型、齐全的配置及舒适的驾乘体验等，都是消费者选择它的理由。上市十几年来，风骏皮卡的销量一直遥遥领先。

长城哈弗H6（中国，2011年）

作为一款城市型SUV，哈弗H6自面世以来就备受瞩目。它颠覆了长城汽车以往SUV车型的造型风格，整体看起来更加大气优雅，具有丰富的时尚元素，因此深得人们的认可和青睐。2017年，新一代车型上市后，哈弗H6在国内SUV市场的霸主地位变得更加不可撼动了。

长城哈弗 M4（中国，2012 年）

哈弗 M4 沿袭了哈弗 M 家族一直以来的风格，是一款外形靓丽、富有硬派气质的小型 SUV。它搭载着长城汽车自主研发的 1.5L 全铝发动机，拥有许多先进配置，代表着长城汽车的先进水平。

长城哈弗 H8（中国，2013 年）

对于长城汽车来说，哈弗 H8 是一款具有里程碑式意义的产品。因为和之前的车型相比，H8 做了"全面升级"，变身为超级豪华版 SUV。它标志着长城汽车正式进入了中高端 SUV 市场。

奇瑞：从芜湖走向世界

对于很多汽车企业来说，奇瑞无疑是一个非常励志、成功的范本。它只用二十几年的时间，就跻身主流汽车企业的行列，让整个中国汽车行业都为之震撼。超强的制造能力、完善的研发体系，帮助奇瑞在发展壮大的过程中，取得了一个又一个丰硕的成果。未来，奇瑞必将利用这一优势创造更多佳绩。

1997年，奇瑞汽车公司正式成立。两年之后，奇瑞第一辆汽车"出世"。令人吃惊的是，2007年奇瑞第100万辆汽车就下线了。与此同时，奇瑞作为自主汽车品牌的中坚力量，开始进入飞速发展的新时期。

奇瑞风云（中国，1999年）

对于奇瑞来说，1999年意义非凡，因为在这一年奇瑞历史上第一辆轿车诞生了，它就是奇瑞风云轿车。这款造型"朴实干练"而且价格亲民的汽车大受欢迎，很快为奇瑞打开了市场。

奇瑞QQ（中国，2003年）

奇瑞经典车型QQ堪称"开国元勋"，一上市便凭借圆润可爱的造型和经济实惠的价格吸引了众多国内年轻消费者的眼球。奇瑞在设计之初便将其定位为"年轻人的第一辆车"，不但尽量让这台车造型变得新颖可爱，还将价格压低，让汽车真正走进了年轻人的世界。

象征科技、品质与未来的奇瑞汽车车标。

奇瑞A3（中国，2008年）

A3是一款紧凑型的轿车，可谓集奇瑞汽车制造经验之大成者，是前两年的时候比较常见的一款车型，车身小巧灵活，整车看起来非常饱满圆滑但不小气，让人感觉非常舒服，它的出现是奇瑞汽车从粗放经营到精细运作的开始。

新瑞虎5（中国，2015年）

新瑞虎5在继承前作优点的基础上再次扩大车身，乘坐空间非常宽裕，外抛式翼子板让它看起来力量感十足，搭配前倾的腰线，即便是在静止状态，整车也透露出一种跃跃欲试的感觉。

奇瑞艾瑞泽GX（中国，2018年）

艾瑞泽GX与奇瑞以往车型不同，它具有大嘴式进气格栅等一系列的突破性设计，看起来大胆前卫又极富视觉张力。此外，精致奢华的内饰、出色的动力性能等，也是它重要的卖点。

比亚迪：成就梦想

大名鼎鼎的比亚迪想必大家都知晓，可是或许你不了解，这个崇尚"向新而生"的品牌进入汽车生产行业的时间很短。但它硬是凭借一往无前的进取精神，闯出了一番广阔天地。在不断自我超越的路上，比亚迪努力探索，坚持技术创新，最终成长为中国乃至世界首屈一指的新能源引领者。

1995年，创始人王传福在意识到充电电池具有发展前景后，果断在深圳注册了比亚迪实业。事实证明，王传福的判断没有错。2003年，比亚迪摇身一变成了全球第二大充电电池生产商。与此同时，比亚迪开始正式进军汽车生产行业。它率先收购秦川汽车公司，画下了有关汽车宏伟蓝图的第一笔。

比亚迪F3（中国，2005年）

比亚迪F3是一款紧凑型轿车，外观很像丰田花冠。不过，令人惊喜的是，因为成本控制得当，这款车的售价却和一些小型车的价格持平。加上当时比亚迪的营销策略十分精准，所以，大气、配置齐全、省油的比亚迪F3一上市，就成了大卖车型。

之后的几年间，比亚迪乘着F3的"东风"，陆续研发出了F0、F3R、G3等一系列车型。

比亚迪的车标比较简单,由三个意为"成就梦想"的英文首字母和一个椭圆构成。

比亚迪F3DM(中国,2008年)

比亚迪依托自己生产电池的优势,于2008年底推出了一款双模电动车F3DM。顾名思义,F3DM同时搭载着汽油机和电动机,不但性能优越,而且节能又环保。自此,比亚迪有了一个荣誉标签——"环保先锋"。

比亚迪G6(中国,2011年)

与以往的车型相比,比亚迪G6在技术上有了一个全新的突破。它匹配着比亚迪自主研发的1.5L涡轮增压发动机和6速双离合变速箱。因此,这款车在当时备受瞩目。

比亚迪E6(中国,2011年)

比亚迪E6是比亚迪公司酝酿许久才推出的一款纯电动汽车。这款车搭载比亚迪自主研发的铁电池,具有绿色环保、安全性高、续航里程长的特点。此外,时尚大气的造型、精细的内饰等,都是它的卖点。

比亚迪速锐（中国，2012年）

速锐曾代表着比亚迪的最高水平，是比亚迪历史车型中的标志性产品。速锐当时不但拥有先进的动力配置，而且还搭载了遥控驾驶技术。这意味着车主在距离车辆10米的时候，就可以遥控车辆，对它发出启动、转向等指令了。

比亚迪S7（中国，2014年）

S7是"中大型SUV家族"中的一员。它匹配全新的动力系统和适时四驱系统，拥有10.2英寸液晶屏、夜视系统等一系列先进配置，而且内饰也十分精致奢华。各方面细节与同级别车型相比，简直好太多了！

比亚迪秦 pro（中国，2018 年）

秦 pro 看起来有典型的比亚迪基因，霸气之中透露着优雅的格调。这款车搭载各种先进的系统，可以实现互联，科技感十足。秦 pro 有燃油版、插电混动版和纯电动版三种车型，消费者可以根据需求、喜好进行选款。

秦 pro 车内的液晶中控屏可以进行 90° 旋转。

比亚迪汉（中国，2020 年）

第一眼看到这款车，相信你一定会被它那炫酷的造型深深吸引。事实上，比亚迪汉的性能和它的外观一样令人心动。2.0T 发动机和 150 马力电动机的超强组合，2.9 秒的百千米加速度，高水准的造车工艺……相信一切都会给你带来非凡的驾乘体验。

索 引

A

AMG GT 63 S	143
AMG Project ONE	143
阿尔法·罗密欧 24HP	196
阿尔法·罗密欧 Giulia Sprint GTA	197
阿尔法·罗密欧 P2	196
阿尔法·罗密欧 Tipo 159	197
阿尔法·罗密欧新一代 Giulietta	197
奥迪 100	162
奥迪 920	162
奥迪（Audi）R10 TDI	122
奥迪 A1 Sportback	109
奥迪 A6L	112
奥迪 A8	163
奥迪 Q7	163
奥迪夸特罗（Quattro）	163

B

宝马 1 系 M135i	200
宝马 2 系 Active Tourer	200
宝马 3 系 E21	200
宝马 4 系 Gran coupe	201
宝马 5 系 E12	201
宝马 6 系 GT	202
宝马 7 系 E23	202
宝马（BMW）Z1	79
宝马（BMW）M3 GT2	123
宝马 i8	203
宝马 MINI Clubman	205
宝马 MINI Coupe	205
宝马 X6	203
宝马 Z8	203
宝马一代 MINI Cooper	205
保时捷 356	166
保时捷 911	166
保时捷 928	167
保时捷 959	167
保时捷 Cayenne S Hybrid	131
保时捷 Panamera Turbo S	113
北京 BC301Z	259
北京 BJ-136	259
北京 BJ212	258
北京 BJ40	260
北京 BJ80	261
北汽 EH400	261
北汽 EX360	261
北汽井冈山	258
北汽绅宝	260
北汽勇士	259
奔驰 B 级 F-CELL	132
奔驰 E 级	113
奔驰 G65	117
奔腾 B50	256
奔腾 B90	257
奔腾 C301	256
奔腾 T99	257
奔腾 X80	257
本田 Coralla	226
本田（Honda）Prelude EX 2.0i L6	78
本田奥德赛	115
本田八代思域	235
本田雅阁	111
本田雅阁 230 TURBO	234
本田雅阁 Accord	234
本田雅阁 EX-R	234
比亚迪 E6	285
比亚迪 F3	284
比亚迪 F3DM	285
比亚迪 G6	285
比亚迪 S7	286
比亚迪汉	287
比亚迪秦 pro	287
比亚迪宋 DM	131
比亚迪宋 MAX	115
比亚迪速锐	286
比亚迪唐 EV600	130
标致 205	211
标致 401	210
标致 403	211
标致 408	211
标致 BP-1	210
标致（Peugeot）908 HDI FAP	122
标致 Type 2	210
别克（Buick）Limited Riviera	55
别克 Century	174
别克 LeSabre	38
别克 Park Avenue	175
别克 Riviera	175
别克 Roadmaster Riviera	175
别克 Y-Job	38
别克昂科雷 Enclave	175
别克君威	264
宾利 3.0	160
宾利 Mark VI	160
宾利 R-TYPE	161
宾利 State Limousine	161
宾利添越 Bentayga	161
布加迪 EB 110	157
布加迪 EB 218 概念车	157
布加迪 Type 35	156
布加迪 Type 41 Royale	37, 156
布加迪威航 Super Sport	157

C

彩虹 5 号（Rainbow 5）	79
长安 CS75	277
长安 SC112	274
长安奔奔	275
长安杰勋	276
长安欧力威	277
长安逸动（EADO）	277
长安悦翔	276
长安长江 46	274
长安之星	275
长城 CC1020	278
长城迪尔	278
长城风骏	280
长城哈弗 CUV	280
长城哈弗 H6	280
长城哈弗 H8	281
长城哈弗 M4	281
长城赛弗	279
长城赛铃	279

D

大通 MAXUS D60	263
大众 Polo	108
大众（Volkswagen）Schwimmwagen Type 166	48
大众高尔夫 R32	155
大众辉昂	265
大众甲壳虫 SilverBug	154
大众帕萨特	111
大众帕萨特 B1	154
大众速腾 Long-Wheelbase	110
戴姆勒一号	13
道奇 Dart	188
道奇 Luxury Liner	188
道奇 Model 30	188
道奇挑战者 Challenger	189
德国曼 TGX	169
德罗林（DeLorean）DMC-12	79
迪拉克 le mans	177
第二代福特 GT	149
第三代保时捷 Cayenne	167
第三代大众途锐	155
第三代斯柯达明锐 Octavia	159
第四代道奇 Ram	189
第五代现代 Sonata EF-B	247
第五代大众 Polo	155
第五代雷克萨斯 LS 车型	228
第一代福特雷鸟 Thunderbird	148
第一代福特野马 Mustang	149
东风 EQ140-1	272
东风 EQ153	272
东风风神 AX7	273
东风风神 D53 风神奕炫	273

F

Firebird 系列	39
Furrior Elysium	125
法拉利 125 S	192
法拉利 24HP	196
法拉利 250 GTO	193
法拉利 250F	194
法拉利 550F2	192
法拉利 F40	193
法拉利 F50	193
法拉利（Ferrari）250 GT 加利福尼亚 Spider	66
法拉利 Portofino	193
菲亚特 124 Sport Spider	182
菲亚特 500 L	183
菲亚特 500 Topolino	182
菲亚特 500	109
菲亚特 Palio	183
菲亚特 Panda	183
丰田 Crown	226
丰田 FCV	132
丰田 IQ	227
丰田 Prado	227
丰田（Toyota）TF108	123
丰田 Yaris	227
丰田新卡罗拉	110
福特 F150	148
福特（Ford）F1	49
福特（Ford）Falcon XA Hardtop	74
福特嘉年华 ST	109
福特维多利亚皇冠警用拦截者	149

G

Globecruiser 7500	125
广汽本田飞度	267
广汽本田理念 S1	267
广汽传祺 E-jet	269
广汽传祺 GA5	268
广汽传祺 GM8	269
广汽传祺 GS4	269

H

Hispano Suiza	158
Humber Super Snipe staff car	48
汉兰达	267
红旗 CA72	254
红旗 CA7220	255
红旗 CA770	254
红旗 H7	255
红旗 HQE 概念车	255

J

JEEP CJ-2A	190
JEEP CJ-5	190
JEEP Jeepster	190
JEEP Super wagoneer	191
JEEP Wrangler	191
捷豹 E-TYPE	213
捷豹 SS100	212
捷豹 XF	213
捷豹 XJ220	213
捷豹 XK120	212
解放 CA141	252

解放 J3CA150PL2	252	林肯（Lincoln）Capri	54
解放 J4	253	林肯 Lincoln Zephyr	43
解放 J5	253	林肯 L Sedan	37
解放 J6	253	林肯 V12 敞篷车	150
解放牌汽车 CA10	252	林肯大陆	151
		林肯大陆 74A 敞篷车	150
		林肯大陆加长版	151
		林肯第四代领航员	151
		路虎（Land-Rover）Series I	49
		路虎揽胜 SV Coupe	117
		路特斯（Lotus）Super Seven	67

K

凯迪拉克 Allante	177
凯迪拉克 CT6	112
凯迪拉克 Cyclone	39
凯迪拉克（Cadillac）Edsel Corsair	55
凯迪拉克 Eldorado	177
凯迪拉克 Series 62 Sedan	55
凯迪拉克 V16 Sport Phaeton	176
凯迪拉克 Victoria Coupe	176
凯迪拉克赛威 SLS	265
凯美瑞	266

M

Mclaren M6GT	216
Mclaren MP4-12C	217
Mclaren P1	217
MGB GT V8	74
MINI Classic	204
MINI Cooper	204
马自达 Cosmo Sport	238
马自达 Eunos Roadster	239
马自达 MX-5 RF	239
马自达 Savanna RX-7	239
玛莎拉蒂 250F	194
玛莎拉蒂 Boomerang Italdesign	195
玛莎拉蒂 Levante SUV	195
玛莎拉蒂（Maserati）3500GT	73
玛莎拉蒂（Maserati）Ghibli	73
玛莎拉蒂 MC12	195
玛莎拉蒂 Quattroporte	195
玛莎拉蒂 Tipo 26	194
迈巴赫 62	142
迈巴赫 SW35	142
迈巴赫 齐柏林 DS8	142
梅赛德斯-奔驰 150H 运动敞篷车	42
梅赛德斯-奔驰 300 SL 跑车	140
梅赛德斯-奔驰 600	140
梅赛德斯-奔驰 770K	140
梅赛德斯-奔驰 E 级 W120	140
梅赛德斯-奔驰 G-Wagen	141
梅赛德斯-奔驰 SLR	141
名爵 MG6	263
名爵 MGA	66
摩根 4/4	218
摩根 Aero 8	219
摩根（Morgan）4/4 four-seater	67
摩根 Panther Lima	67
摩根 Plus 4	218
摩根 Plus 8	219
摩根 V6 Roadster	219

L

Land Rover Series II	214
Land Rover 发现	215
Land Rover 揽胜	214
Land Rover 揽胜极光敞篷车	215
Land Rover 神行者	215
Lightyear One	133
克莱斯勒 300	187
克莱斯勒 Airflow	186
克莱斯勒 Laser	187
克莱斯勒 Town & Country	186
兰博基尼 Countach	164
兰博基尼 Huracán Coupé	165
兰博基尼（Lamborghini）MiuraP400	72
兰博基尼 LM002	165
兰博基尼 Miura P400	164
兰博基尼 Reventon	165
兰博基尼 Urus	117
蓝旗亚 Alpha	184
蓝旗亚 Ardea	185
蓝旗亚 Lambda	184
蓝旗亚 Lancia	41
蓝旗亚（Lancia）Thema	73
蓝旗亚 Stratos HF	185
蓝旗亚 Thesis	185
劳斯莱斯古斯特	207
劳斯劳斯幻影 I	206
劳斯莱斯幻影特别版	207
劳斯莱斯库里南	116
劳斯莱斯"银魅"	36
劳斯莱斯银影	207
劳斯莱斯银云	206
雷克萨斯 ES	228
雷克萨斯 LS 400	228
雷克萨斯 LX 570	229
雷克萨斯 RX 300	229
雷克萨斯 RX 400h	229
雷诺 Clio	108
雷诺 Renault Viva Gran Sport	43

N

NAMI Okhta	78

O

讴歌 MDX1	237
讴歌 NSX	237

讴歌 RL	236	斯柯达 130 RS	159
讴歌 TSX	237	斯柯达 Felicia	159
欧宝 Adam	179	斯柯达 Octavia	265

P

庞蒂亚克（Pontiac Trans AM）	75
皮尔斯-阿罗（Pierce—Arrow）38 Park Phaeton	36
普利茅斯（Plymouth）road runner superbird	74

欧宝 Calibra ················ 179
欧宝 Captain ················ 178
欧宝 Combo Life ················ 114
欧宝 GT ················ 179
欧宝 Laubfrosch ················ 178
欧宝 System Lutzmann ················ 178

T

太脱拉凤凰（PHOENIX）限量版 ················ 169
特斯拉（Tesla）Model S ················ 130
托马斯"飞翔者" ················ 37

V

Voiturette A ················ 158

Q

奇瑞 A3 ················ 283
奇瑞 QQ ················ 282
奇瑞艾瑞泽 GX ················ 283
奇瑞风云 ················ 282
起亚 Retona ················ 247
起亚 Sportage ················ 246

W

沃尔沃 140 ················ 221
沃尔沃 850 ················ 221
沃尔沃 OV4 ················ 220
沃尔沃 P1800 ················ 220
沃尔沃 PV36 ················ 220
沃尔沃 XC90 ················ 221
乌尼莫克 2010 ················ 145
乌尼莫克 405 系列 U300 ················ 145
乌尼莫克 U5000 ················ 145

R

日产 GTR R34 ················ 241
日产 Skyline GT-R ················ 241
日产蓝鸟 310 ················ 240
日产途乐 Y61 ················ 241
日产阳光 2004 ················ 240

X

现代 Poney ················ 246
现代雅科仕 2014 ················ 247
新瑞虎 5 ················ 283
新一代克莱斯勒 300C ················ 187
雪佛兰（Chevroier）Bel Air ················ 54
雪佛兰（Chevrolet）Stylemaster 货车 ················ 49
雪佛兰景程 ················ 264
雪佛兰开拓者 K5 Blazer ················ 173
雪佛兰克尔维特 ················ 172
雪佛兰科鲁兹 ················ 173
雪佛兰科迈罗（Chevrolet Camaro） ················ 75
雪佛兰科迈罗 ················ 173
雪佛兰迈锐宝 ················ 172
雪铁龙 2VC ················ 209
雪铁龙 Berlingo ················ 114
雪铁龙 C4 CACTUS ················ 209
雪铁龙 CX ················ 209
雪铁龙 DS Berline ················ 209
雪铁龙 Type-A 10VC ················ 208

S

Signature 1200 ················ 124
Smart city ················ 144
Smart fortwo 第三代 ················ 144
Steyr 50 ················ 42
三菱 EVO VI TM-V4 ················ 245
三菱 EVO X ················ 245
三菱 Lancer Evolution Ⅰ ················ 245
三菱 Pajero Wagon ················ 244
三菱日蚀 95 款 ················ 245
桑塔纳 2000 ················ 264
桑塔纳 87 ················ 264
上海牌 SH760 ················ 262
上汽大通 V80 ················ 124
上汽荣威 RX5 ················ 263
神龙富康 988 ················ 272
双龙 Korando Family ················ 248
双龙 Musso WordWide FJ ················ 248
双龙雷斯特 Y200 ················ 249
双龙新一代 TIVOLI ················ 249
双龙主席 CM600L ················ 249
思域 25i ················ 235
思域 SB1 ················ 235
斯巴鲁 Impreza WRC2000 ················ 231
斯巴鲁 Impreza WRC99 ················ 231
斯巴鲁（Subaru）Impreza 555 ················ 230
斯堪尼亚 G480 6X2 ················ 168
斯堪尼亚 Touring ················ 168

Y

雅力士 ················ 266
英菲尼迪 Essence ················ 243
英菲尼迪 G20 ················ 242
英菲尼迪 Q45 G50 ················ 242
英菲尼迪 QX4 ················ 243
英菲尼迪 QX50 ················ 243

Z

重汽豪沃 7 ················ 271
重汽黄河 JN150 ················ 270
重汽黄河 JN252 ················ 270
重汽汕德卡 T7 ················ 271
重汽斯太尔王 ················ 271